우리의
유네스코
세계유산

우리의 유네스코 세계유산

3판 1쇄 발행   2024년 11월 5일

글쓴이   권동화
그린이   임혜경

펴낸이   이경민
펴낸곳   (주)동아엠앤비
출판등록   2014년 3월 28일(제25100-2014-000025호)
홈페이지   www.moongchibooks.com
주소   (03972) 서울특별시 마포구 월드컵북로22길 21 2층
전화   (편집) 02-392-6901 (마케팅) 02-392-6900
팩스   02-392-6902
전자우편   damnb0401@naver.com
SNS

ISBN 979-11-6363-897-1 (73900)

뭉치
MoongChi Books

도서출판 뭉치는 ㈜동아엠앤비의 어린이 출판 브랜드로, 아이들의 지식을 단단하게 만들어주고,
아이들의 창의력과 사고력을 키워주어 우리 자녀들이 융합형 창의 사고뭉치로
성장할 수 있도록 좋은 책을 만들겠습니다.

우리의 유네스코 세계 유산

글쓴이 **권동화** 그린이 **임혜경**

뭉치
MoongChi
Books

펴내는 글

세계유산을 보호하기 위해 관람을 금지해도 될까?
훼손된 문화재는 어디까지 복원해야 전통을 살리는 것일까?

선생님의 질문에 교실은 일순간 조용해지기 시작합니다. 인내심이 한계에 다다른 선생님께서 콕 집어 누군가의 이름을 부르는 순간 내가 걸리지 않았다는 안도감에 금세 평온을 되찾지요. 많은 사람 앞에서 어떻게 말을 해야 할까 고민 한번 해 보지 않은 사람은 없을 겁니다.

사람들 앞에서 자신의 생각을 조리 있게 전달하는 기술은 국어 수업 시간에만 필요한 것이 아닙니다. 학교 교실뿐만 아니라 상급 학교 면접 자리 또는 성인이 된 후 회의에서도 자신의 의견을 분명히 표현할 수 있어야 합니다. 하지만 어디서부터 시작해야 할지 몰라 입을 떼는 일이 쉽지 않습니다. 혀끝에서 맴돌다 삼켜 버리는 일도 종종 있습니다. 얼떨결에 한마디 말을 하게 되더라도 뭔가 부족한 설명에 왠지 아쉬움이 들 때도 많습니다.

논리적 사고 과정과 순발력까지 필요로 하는 토론장에서 자신만의 목소리를 내려면 풍부한 배경지식은 기본입니다. 게다가 고학년으로 올라가서 배우는 수업과 진학 시험에서의 논술은 교과서 속의 내용만을 요구하지 않습니다. 또한 상대의 의견을 받아들이거나 비판하기 위해서도 의견의 타당성과 높은 수준의 가치 판단을 해야 하는 경우가 많은데, 자신의 입장을 분명히 하기 위해선 풍부한 자료와 논거가 필요합니다. 「초등 융합 사회 과학 토론왕」 시리즈는 사회에서 일어나는 다양한 사건과 시사 상식 그리고 해마다 반복되는 화젯거리 등을 초등학교 수준에서 학습하고 자신의 말로 표현할 수 있도록 기획되었습니다. 체계적이고 널리 인정받은 여러 콘

텐츠를 수집해 정리하였고, 전문 작가들이 학생들의 발달 상황에 맞게 스토리를 구성하였습니다. 개별적으로 만들어진 교과서에서는 접할 수 없는 구성으로 주제와 내용을 엮어 어린 독자들이 과학적 사고뿐만 아니라 문제 해결력, 비판적 사고력을 두루 경험할 수 있도록 하였습니다. 폭넓은 정보를 서로 연결지어 설명함으로써 교과별로 조각나 있는 지식을 엮어 배경지식을 보다 탄탄하게 만들어 줍니다. 뿐만 아니라 국어를 기본으로 과학에서부터 역사, 지리, 사회, 예술에 이르기까지 상식과 사회에 대한 감각을 익히고 세상을 올바르게 바라보는 눈도 갖게 할 것입니다.

『우리의 유네스코 세계유산』은 유네스코에 등재된 우리의 자랑스러운 세계유산을 재미있는 이야기와 함께 보여 줍니다. 박물관 안에서 음식을 먹거나 문화재에 낙서를 하고 함부로 사진을 찍던 세 명의 아이들은 '세계 문화재 보호 비밀 특공대'를 만나게 됩니다. 아이들은 마법의 보드 게임을 통해 우리나라의 유네스코 세계유산에 대해 조금씩 알아 가고, 그 가치를 깨달아 말썽꾸러기에서 문화재 지킴이로 변하게 되지요. 이 책을 통해 독자들이 우리나라 문화재에 적극적으로 관심을 보이고, 세계유산에 관련된 여러 토론거리들을 자신의 말로 주장할 수 있다면 더 없이 소중한 시간이 될 것입니다.

편집부

 차례

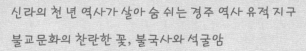

세계 문화재 보호 비밀 특공대

엥? 우리가 무슨 잘못을 했다고 그래요?

블랙, 저 아이들에게 확실히 가르쳐 주게. 자신들이 뭘 잘못했는지.

그리고 앞으로 문화재를 어떻게 다루어야 하는지 말이야.

소년, 소녀들! 잘못한 벌로 이 보드 게임을 끝까지 완수해야 한다. 그렇지 못할 경우 집에 갈 생각은 꿈도 꾸지 말도록!

프롤로그

마법의 보드 게임 속으로!

유진이, 세계, 한국이는 모두 겁에 잔뜩 질려 있었어요. 하지만 블랙은 아랑곳하지 않고 보드 판을 펼쳐 놓았지요. 보드 판에는 처음 보는 그림들이 한가득 있었어요.

유진이와 세계는 궁금함을 참지 못하고 저마다 한마디씩 하기 시작했어요.

"아저씨, 이게 뭐예요? 이상한 그림들만 잔뜩 그려져 있는데요?"

"왜 우리가 이 게임을 하지 않으면 벌을 받아요?"

그러자 한국이가 조심스레 말했어요.

"음…… 얘들아, 이건 우리나라 유네스코 세계 유산인 것 같아. 난 척 봐도 알겠는데 왜 모르지……."

유진이와 세계는 순간 멈칫하며 얼음이 되었어요. 그리고 이내 얼굴이 빨개졌지요. 가만히 보고만 있던 블랙이 말했어요.

"한국이라고 했나? 그림만 보고도 세계 유산이라는 걸 눈치채다니 나름 대단한걸? 하지만 이대로 그냥 돌아갈 수는 없단다. 이 보드 게임은 일단 시작하면 끝날 때까지 절대 멈출 수 없거든."

"으아악! 말도 안 돼요!"

아이들이 동시에 소리쳤어요. 한국이는 머리를 감싸 쥐고 자리에 주저앉고 말았지요. 하지만 세계는 조금 달랐어요. 세계는 벌벌 떨면서도 주먹을 꽉 쥐고 한 발자국 앞으로 나섰어요.

"그런데 아저씨는 누구예요? 우리가 어떻게 하면 집에 돌아갈 수 있나요?"

블랙이 씩 웃으며 대답했어요.

"나로 말할 것 같으면 '세계 문화재 보호 비밀 특공대'의 행동 대장 블랙이란다. '유네스코 세계 유산' 부서에서 비밀리에 일하고 있지."

세계가 고개를 갸우뚱거리며 물었어요.

"유네스코? 그게 뭐예요? 어디서 들어본 것 같기는 한데……."

"유네스코는 '국제 평화 기구'인 유엔(UN)의 한 부서란다. 전 인류를 위해 반드시 보호하고 지켜야 할 세계의 유산들을 선정하는 일을 하지."

그때 유진이가 이해되지 않는다는 듯 억울한 표정으로 물었어요.

"아저씨, 그러니까요. 그 유네스코가 저랑 무슨 상관이냐고요. 저는 문화재를 더 좋아 보이게 하려고 그림을 그린 것뿐인데요."

유진이의 말을 들은 블랙의 얼굴이 갑자기 일그러졌어요. 방금까지 짓던 미소는 온데간데없이 사라졌지요.

"…… 무슨 잘못을 했는지 아직도 잘 모르는 모양이구나. 너희처럼 문화재를 그렇게 함부로 다루면 안 된단다. 금지된 행동에는 모두 다 이유가 있어요!"

블랙은 계속 말을 이어갔어요.

"흠흠, 다른 사람들 같았으면 벌써 벌을 받았을 테지만 너희는 아직 어리기 때문에 한 번 더 기회를 주기로 했다. 단, 이 보드 게임을 무사히 마친다는 조건으로 말이야. 어때, 다들 준비됐니?"

아이들은 풀 죽은 얼굴로 가만히 고개를 끄덕일 수밖에 없었어요. 그러자 블랙은 다시 씩 하고 웃으며 말했어요.

"자, 나를 따라오거라. 보드 게임을 하는 동안 너희는 한 가지 답을 찾아야 해. 과거와 현재, 미래를 이어 주는 것이 과연 무엇일까? 이 답을 찾지 못한다면⋯⋯. 음, 그건 나중에 생각하고 일단 출발해 볼까?

그러자 보드 판은 블랙의 말을 알아듣기라도 한 듯 갑자기 빙빙 돌면서 커지기 시작했어요. 블랙은 아이들에게 게임의 규칙을 간단히 설명했지요.

게임의 규칙
1. 게임을 시작하면 도중에 그만둘 수 없다.
2. 주사위를 던져서 나온 수만큼 이동한다.
3. 게임 중간에 나오는 찬스 카드가 모두 좋은 것은 아니다.
4. 찬스 카드를 사용하면 바로 그 다음 칸으로 이동한다.
   하지만 찬스 카드를 사용하지 않는다면 주사위를 다시 던질 수 있다.

아이들은 서로 멀뚱멀뚱 쳐다보기만 했어요. 하지만 잠시 후 세계가 용감하게 앞으로 나섰어요.

"좋아. 어차피 이렇게 된 거 내가 주사위를 던질게."

세계는 주사위를 힘껏 던지자 주사위 숫자는 3이 나왔어요. 그러자 블랙은 거침없이 보드 판에 발을 내딛었어요.
아이들도 쭈뼛쭈뼛 뒤따라 걸어 들어
갔지요. 그때 갑자기 보드 판에서
눈부신 빛이 새어 나오기
시작했어요. 아이들은
순식간에 보드 판 안으로
빨려 들어갔지요.

유네스코 세계 유산이란?

국제 연합이라고도 불리는 유엔(UN, United Nations)은 제2차 세계대전 이후 국제 평화를 위한 기구의 필요성에 의해 만들어졌어요. 유엔의 전문 기구 중 하나인 유네스코(UNESCO)는 국제 연합 교육 과학 문화 기구(United Nations Educational, Scientific and Cultural Organization)의 약자로 교육, 과학, 문화 등 여러 분야에서 나라 간의 이해와 협력을 통해 세계 평화를 이루기 위해 노력하고 있어요. 세계 유산을 지정해 기술적, 재정적인 도움도 주고 있지요.

영국 스톤헨지
런던 솔즈베리 평원에 있어요. 흙으로 쌓아서 만든 둑 안에 거대한 돌기둥을 세워 놓은 것으로 아직까지 누가 언제 만들었는지 알 수 없어요.

미국 자유의 여신상
미국 뉴욕 항에 있는 거대한 여신상이에요. 미국 독립 100주년을 기념하여 프랑스가 선물했어요.

스페인 가우디 건축물
스페인의 천재 건축가였던 안토니오 가우디는 바르셀로나를 중심으로 여러 곳에 건축물을 남겼어요.

프랑스 베르사유 궁전과 정원
프랑스식 정원이 잘 꾸며진 호화스러운 궁전이에요. 루이 14세, 루이 16세가 이곳에서 살았어요.

그리스 올림피아

옛날 그리스 사람들이
신들의 왕 제우스를
섬기던 곳이었어요.
고대 올림픽 경기가
처음으로 열렸던
곳이기도 하지요.

인도 타지마할

인도의 이슬람 건축 양식을 대표해요.
무굴제국의 황제 샤 자한이 왕비를
추모하며 만든 궁전 형식의 묘지예요.

이탈리아 로마 역사 지구

로마는 이탈리아의
수도예요. 고대부터
르네상스 시대를 거쳐
수많은 문화유산을 지닌
도시랍니다.

중국 만리장성

진나라 시황제 때 쌓은 성으로 길이가
3000km가 넘어요. 인류 역사상 가장
거대한 건축물이지요.

이집트 피라미드

고대 이집트 왕들의
무덤이에요. 가장 큰
피라미드의 높이는 무려
140m에 달해요.

캄보디아 앙코르 유적지

크메르 족이 세운 앙코르
왕조가 600여 년에 걸쳐
만든 사원이에요.
수십 개의 사원과 왕궁이
흩어져 있어요.

1장

신라 시대의
세계 문화유산

🎲 신라의 천 년 역사가 살아 숨 쉬는 경주 역사 유적 지구

아이들은 눈을 깜박거리며 주위를 둘러보았어요. 주변은 온통 푸릇푸릇한 풀과 언덕들로 가득했어요.

"와아, 언덕들 정말 예쁘다!"

유진이가 감탄하며 스케치북에 빠르게 그림을 그리기 시작했어요. 한국이는 그 모습을 보더니 살짝 코웃음을 치며 말했어요.

"풋, 저건 언덕이 아니라 고분이야. 무덤의 한 종류라고!"

"뭐? 저렇게 큰 무덤이 어디 있어?"

그때 블랙이 스윽 하고 다가와 말했어요.

"그 말이 맞다. 여기는 경주 역사 유적 지구 가운데 '대릉원 지구'라는 곳이야. 이곳에는 신라 시대의 왕과 왕비, 귀족들의 무덤 23기_{무덤, 탑 등을}

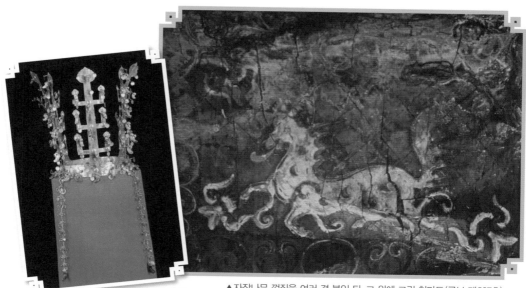

▲1921년 9월 경북 경주의 한 집터 공사 현장에서 국내 최초로 발견된 금관총 금관(국보 제87호)

▲자작나무 껍질을 여러 겹 붙인 뒤, 그 위에 그린 천마도(국보 제207호)

세는 단위가 자리 잡고 있단다. 이렇게 역사적으로 연구할 가치가 높은 무덤을 '고분'이라고 부르지. 이곳은 무척 넓으니 길을 잃지 않도록 조심해야 할 거다."

블랙은 계속해서 설명했어요.

"이 대릉원 지구에 바로 그 유명한 고분인 천마총이 있단다. 천마총에서는 금관과 천마도 장니 등이 발견되었지. 장니란 말을 탄 사람의 옷에 흙이 튀지 않게 안장에 달아 놓은 기구야. 금관은 당시 신라 사람들의 놀라운 금속 공예 기술을, 말이 하늘을 달리는 모습을 묘사한 천마도가 그려진 천마도 장니는 그들의 씩씩한 기상을 보여 준단다."

세계가 고개를 갸웃거리며 물었어요.

"그런데요, 아저씨. 예전부터 궁금했는데 왜 특히 경주에 유물이나 유적이 많은 거예요?"

블랙이 깜짝 놀라며 대답했어요.

"어이쿠, 좋은 질문이구나! 기원전 1세기부터 7세기 중반까지 우리나라는 고구려, 백제, 신라 세 나라로 나뉘어 있었단다. 그때를 '삼국 시대'라고 부르지. 고구려와 백제는 7세기경에 무너졌지만, 신라는 건국해서 멸망하기까지 약 천 년 동안 지속했어. 신라의 도읍지였던 경주에 유물과 유적이 많이 남겨진 건 당연하지. 게다가 경주는 세계 4대 고대 도시 가운데 하나란다."

유진이의 입이 떡 하니 벌어졌어요.

"천 년이나요? 게다가 세계 4대 고대 도시라니 정말 대단한데요!"

블랙은 자신의 자랑인 듯 뿌듯해 하며 말했어요.

"먼저 남산 지구부터 가 보자꾸나. 그곳에는 신라의 시작과 끝을 보여 주는 유적이 모여 있단다."

높게 솟은 남산 주변에서 가장 눈길을 끈 건 작은 우물이었어요. 한국이가 재빨리 아는 체하며 냉큼 말했어요.

"에헴, 이 우물은 '나정'이야. 옛날 옛적에 이 우물에서 신비한 빛과 함께 하얀 말과 알 하나가 나왔다고 전해진대. 그 알에서 태어난 사람이 바로 신라를 세운 박혁거세야."

▲경북 경주시 나정에서 발굴된 팔각 건물터와 우물터. 조선 순조 때 박혁거세의 탄생지임을 알리기 위해 비석을 세웠다.

▲포석정

하지만 아이들은 한국이의 말을 듣는 둥 마는 둥 주변을 살피기 바빴어요. 그때 세계가 무언가를 발견하고 눈을 반짝거리며 말했어요.

"엇, 이건 뭐지? 이것도 우물인가? 마치 물길 같아."

이번에는 블랙의 대답이 좀 더 빨랐어요.

"그건 포석정이다. 왕과 신하들이 잔치를 열던 곳이지. 하지만 신라의 경애왕이 후백제 견훤의 공격을 받자 스스로 목숨을 끊은 곳이라고도 전해지지."

남산 지구에는 이외에도 남산리 삼층 석탑, 미륵곡 석불 좌상, 신선암

마애 보살 반가상 등 불교와 관련된 유물들이 많았어요. 그리고 왕릉과 절 터 등 유적들이 너무 많아서 다 보기 힘들 정도였지요. 아이들의 입에서는 감탄사가 끊이지 않았어요.

"와, 모두 불교와 관련된 것 같은데 정말 엄청나네요."

블랙이 기특한 눈빛을 보내며 말을 이었어요.

"신라가 불교를 높이 숭상하던 나라라는 걸 보여 주는 증거란다. 그래서 남산 지구를 '부처의 땅'이라고 부르기도 하지. 아마 황룡사 지구로 가면 더 깜짝 놀랄걸?"

블랙의 말은 사실이었어요. 재빨리 걸음을 옮기자 어느새 아이들의 눈앞에 하늘 높이 까마득히 솟은 황룡사 9층 목탑이 보였어요. 유진이가 탑

터만 남아 있는 황룡사지

에서 눈을 떼지 못한 채 물었어요.

"우아, 여기가 어디예요?"

"황룡사라는 곳인데 신라에서 가장 큰 절이었단다. 그런데 안타깝게도 1238년 몽골군이 고려에 침입했을 때 불에 타 없어지고 지금은 터만 남게 되었지. 황룡사 지구에는 분황사라는 절도 있는데, 그곳에는 돌을 벽돌처럼 정교하게 깎아 만든 분황사 모전 석탑이 있단다."

"와, 그 옛날에 돌을 벽돌처럼 깎았다고요? 게다가 나무로 이렇게 높은 탑을 만들다니! 신라 시대 사람들은 과학과 건축 기술이 정말 뛰어났나 봐요."

블랙이 싱긋 웃으며 대답했어요.

"그뿐이 아니란다. 신라는 천문 기술도 무척 훌륭했지. 이제 월성 지구로 가 보자꾸나."

블랙은 발걸음을 재촉했어요. 아이들은 다리가 무척 아팠지만 꾹 참았지요. 얼마나 걸었을까, 드디어 월성 지구가 모습을 드러냈어요. 그리고 아이들의 눈에 무척 반가운 문화유산 하나가 들어왔지요.

"첨성대다!"

한국이가 이번에도 재빨리 말했어요.

"첨성대는 신라 최초의 여왕인 선덕 여왕이 세운 건축물이야. 옛날 기록들을 보면 첨성대에서 별의 움직임과 하늘의 모습을 꼼꼼히 살펴 계절과 날씨를 예측했다는 말이 나와 있어."

한국이는 침을 튀겨 가며 설명하는 데 정신이 없었어요. 세계는 잘난 척하는 한국이가 못마땅했지요.

"야! 너 잘난 척 좀 그만해!"

그러자 한국이는 기분이 몹시 나빴고, 곧 두 아이들은 티격태격 다투기 시작했어요. 잠시 후 블랙이 아이들을 말리며 말했어요.

"자, 자 이만하면 됐다. 이제 다른 곳으로 가자꾸나. 이번에는 누가 주사위를 던질 테냐?"

그때 유진이가 손을 번쩍 들었어요.

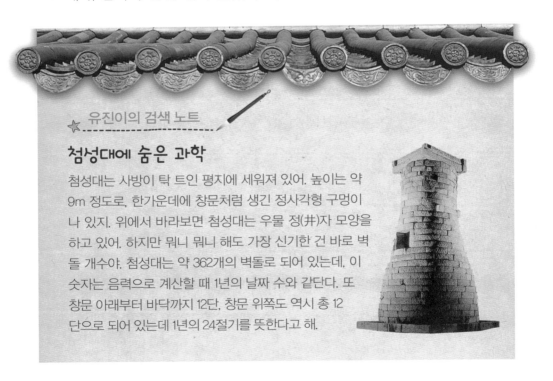

★ 유진이의 검색 노트

첨성대에 숨은 과학

첨성대는 사방이 탁 트인 평지에 세워져 있어. 높이는 약 9m 정도로, 한가운데에 창문처럼 생긴 정사각형 구멍이 나 있지. 위에서 바라보면 첨성대는 우물 정(井)자 모양을 하고 있어. 하지만 뭐니 뭐니 해도 가장 신기한 건 바로 벽돌 개수야. 첨성대는 약 362개의 벽돌로 되어 있는데, 이 숫자는 음력으로 계산할 때 1년의 날짜 수와 같단다. 또 창문 아래부터 바닥까지 12단, 창문 위쪽도 역시 총 12단으로 되어 있는데 1년의 24절기를 뜻한다고 해.

"저요, 저요!"

유진이는 주사위를 던졌고, 숫자만큼 2칸 이동하자 찬스 카드가 나왔어요. 유진이는 걱정이 되었어요.

"찬스 카드가 좋지 않을 수도 있다고 했는데……. 에라, 모르겠다. 그냥 열어 보자!"

선물 카드
축하합니다! 모든 걸 알아볼 수 있는 태블릿 컴퓨터를 드립니다!

유진이가 카드 뒷면을 다 읽자 카드에 불이 붙으며 순식간에 사라졌어요. 그리고 보드 판 위에 태블릿 컴퓨터 하나가 나타났지요.

"야호! 신 난다!"

유진이가 컴퓨터를 손에 들고 펄쩍펄쩍 뛰었어요. 한국이와 세계는 부러움에 싸운 사실도 잊어버릴 정도였지요.

블랙은 어느새 무표정한 얼굴로 되돌아와 있었어요.

"자, 그럼 규칙대로 다음 칸으로 가자꾸나."

블랙과 아이들은 다시 빛에 휩싸여 사라졌어요.

🎲 불교문화의 찬란한 꽃, 불국사와 석굴암

얼마나 시간이 흘렀을까? 어디선가 아름다운 새소리가 들렸어요. 아이들은 조심스레 눈을 떴어요. 곧 세계가 큰 소리로 외쳤지요.

"어? 여기는 내가 있었던 곳이잖아!"

블랙이 미소를 띠며 대답했어요.

"그렇단다. 이곳은 모두 잘 아는 불국사란다. '부처의 나라'라는 뜻을 갖고 있지. 흠, 아직 짓고 있는 걸 보니 지금은 대략 760년일 것 같구나. 불국사는 통일 신라의 화려한 불교문화를 대표하는 유적이란다."

불국사의 청운교와 백운교가 아이들을 가장 먼저 반겼어요. 돌들을 아주 세밀하고 정교하게 다듬어서 만들었는데 다리 아래로 물이 졸졸 흐르고 있었지요.

"어? 전에 볼 때는 다리 아래가 전부 잔디밭이었는데?"

세계가 고개를 갸웃거리자 한국이가 설명해 주었어요.

불국사 자하문 앞 2층 돌계단 다리(청운교와 백운교)

"우리는 지금 과거로 온 거잖아. 예전에는 지금 보는 것처럼 다리 아래로 물이 흘렀어. 이 정도면 건널 수도 있겠다."

한국이의 말이 맞았어요. 아이들은 신 나하며 청운교와 백운교를 건너 자하문을 지나쳤어요. 불국사 안은 온통 사람들로 북적거렸지요. 바로 그때 사람들이 웅성거리기 시작했어요.

"김대성 재상님이다!"

"그런데 요즘 건강이 안 좋으신 모양이야. 불국사와 석굴암이 아직 완성되지도 않았는데 걱정이야."

한국이는 사람들의 수군거림을 듣고는 귀가 번쩍 뜨였어요.

"김대성? 불국사를 지으신 분 맞죠? 지금 여기 계신가요?"

"예끼, 이놈! 재상님의 이름을 함부로 부르면 안 되지. 재상님은 아마 다보탑 근처에 계실테니 그곳으로 가 보려무나."

한국이는 펄쩍 뛰며 좋아했어요. 그러고는 다보탑 쪽으로 달려가며 소리쳤어요.

"오예! 신라에서 최고 벼슬에 오르신 분이라면 시험에서 백점 맞는 비법도 알려 주실 거야!"

블랙과 아이들 모두 한국이를 뒤쫓아 달렸어요. 그곳에는 정말 김대성이 일꾼들을 지휘하고 있었어요.

"빨리, 빨리! 서둘러야 한다. 아니, 좀 더 왼쪽, 왼쪽!"

"김대성 재상님!"

한국이가 큰 소리로 부르자 김대성이 고개를 돌렸어요. 김대성은 아이들을 보고 깜짝 놀라며 말했어요.

"너, 너희는 누구더냐! 괴이한 옷차림을 하고 있구나."

"헤헤, 저는 한국이에요. 미래에서 왔는데 재상님의 성공 비결을 알고 싶어요."

한국이는 다짜고짜 이렇게 말한 다음 어이없어 하는 블랙에게 눈을 찡긋거리며 윙크했어요. 그러자 김대성이 대답했어요.

다보탑

석가탑

"허허, 미래에서 왔다니 어디가 아픈 모양이구나. 흠흠, 그래도 일단 질문에는 대답해 주마. 나는 부모님의 은혜를 갚기 위해서 열심히 공부했고 높은 벼슬에도 올랐지. 그리고 지금은 전생과 현생의 부모님을 위해 석굴암과 불국사를 짓고 있단다. 그러니 너희와 이렇게 노닥거릴 시간이 별로 없구나. 이제 좀 저리 가려무나."

김대성은 다시 일에 몰두했어요. 아직 다 완성되지는 않았지만, 석가탑과 다보탑은 서서히 지금의 모습을 갖춰 가는 중이었지요. 아이들은 그 모습에서 눈을 뗄 수 없었어요.

석가탑은 얼핏 소박해 보였지만, 날렵하게 잘 다듬어진 돌들이 균형 있게 쌓여 있었어요. 간결함과 부드러움이 느껴졌지요. 그에 비해 다보탑은 무척 화려한 느낌이었어요. 그때 김대성이 외쳤어요.

"아, 석불사 제작도 늦어서는 안 되는데. 빨리 토함산으로 가 봐야겠군!"

"석불사? 석굴암을 말하는 건가요?"

세계가 묻자 블랙이 얼른 대답했어요.

"맞아. 석불사는 석굴암의 옛 이름이란다. 자, 김대성을 따라가 볼까? 기왕 보는 거 석굴암 제작자에게 직접 얘기를 듣는다면 더 좋은 공부가 될 테니."

김대성은 불국사 뒤편에 있는 토함산으로 바쁘게 향했어요. 산을 얼마쯤 오르니 하얀 화강암으로 된 굴이 하나 보였어요. 그곳에서는 갖가지 불상들이 조각되고 있었지요. 그제야 아이들과 블랙이 따라오는 걸 눈치챈 김대성이 깜짝 놀라며 말했어요.

"아니, 어느 틈에 따라온 게냐? 여기는 무거운 돌들을 깎는 곳이라 매우 위험하단다. 너희 같은 어린아이들이 올 곳이 아니니 어서 저리 가거라."

어린애라는 말에 한국이가 발끈 소리쳤어요.

"아니에요! 우리도 알 건 다 안다고요. 지금 본존불을 조각하고 계시는 거죠? 엷은 미소와 인자한 표정, 어깨와 옷의 부드러운 곡선, 가늘게 뜬 눈과 어마어마한 크기! 이건 본존불이 확실하다고요!"

김대성은 깜짝 놀라 믿을 수 없다는 표정으로 말했어요.

"이런, 굉장하구나! 그래, 본존불이 맞단다. 하지만 나는 이외에도 불상 38개를 더 만들 생각이란다. 자, 이 그림이 내가 만들고자 하는 석불사의 내부 구조도란다. 바로 이 자리에 본존불을 놓을 생각이지."

김대성은 그림 하나를 보여 주며 둥근 방 한가운데를 가리켰어요. 블랙 은 내부 구조도를 한참이나 바라본 후 감탄하며 말했어요.

"역시 석굴암은 대단해!"

"왜요? 이 정도 불상은 석굴암이 아니더라도 우리나라에 많잖아요."

유진이가 이해할 수 없다는 듯 물었어요.

"아니야. 꼭 그렇지만도 않아. 석굴암은 굉장히 과학적인 건축물이 란다. 석굴암 내부의 둥근 천장은 360개의 돌로 이루어져

본존불과 균형을 이룬단다. 이런 구조는 다른 나라에서도 그 예를 찾아볼수 없어. 게다가 본존불은 해가 뜨는 동쪽 바다를 바라보도록 조각되었는데, 본존불이 향하고 있는 방향은 동짓날 해가 뜨는 곳과 거의 일치한대. 그래서 석굴암은 석가모니가 깨달음을 얻은 순간을 가장 자연스럽고 예술적이면서도 과학적으로 정확하게 묘사한 최고의 유산이라는 평을 받는단다.”

블랙의 말을 가만히 듣던 김대성이 묘한 표정으로 말했어요.

“어찌 제작자인 나보다 이 석불사에 대해서 더 잘 아는 거요? 허허, 내가 정말 늙었나 보이.”

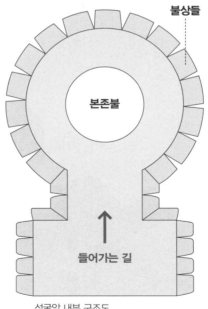

석굴암 내부 구조도

석굴암 본존불

그때 한 사람이 김대성에게 바삐 다가와 말했어요.

"재상 나리, 석가탑 안에 넣을 무구 정광 대다라니경이 지금 불국사에 도착했다고 합니다. 빨리 가서 살펴보심이 어떠하신지요?"

그러자 세계가 킥킥댔어요.

"무구 정광 대다라니경? 그건 뭐지? 꼭 음식 이름 같아, 킥킥킥."

"어휴, 넌 정말 먹을 생각밖에 안 하는구나! 무구 정광 대다라니경은 석가탑 안에서 발견된 유물로, 세계에서 가장 오래된 목판 인쇄물이야."

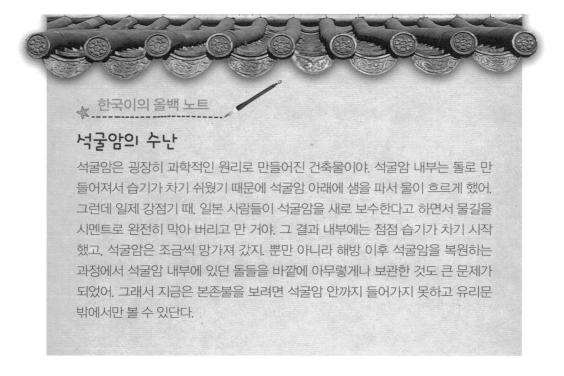

★ 한국이의 올백 노트

석굴암의 수난

석굴암은 굉장히 과학적인 원리로 만들어진 건축물이야. 석굴암 내부는 돌로 만들어져서 습기가 차기 쉬웠기 때문에 석굴암 아래에 샘을 파서 물이 흐르게 했어. 그런데 일제 강점기 때, 일본 사람들이 석굴암을 새로 보수한다고 하면서 물길을 시멘트로 완전히 막아 버리고 만 거야. 그 결과 내부에는 점점 습기가 차기 시작했고, 석굴암은 조금씩 망가져 갔지. 뿐만 아니라 해방 이후 석굴암을 복원하는 과정에서 석굴암 내부에 있던 돌들을 바깥에 아무렇게나 보관한 것도 큰 문제가 되었어. 그래서 지금은 본존불을 보려면 석굴암 안까지 들어가지 못하고 유리문 밖에서만 볼 수 있단다.

국보 제126호 무구 정광 대다라니경은 현재 국립 중앙 박물관에 보관되어 있다.

블랙은 이렇게 말하며 세계의 머리를 콩 쥐어박았어요. 그러고는 계속 말했어요.

"자, 시간이 없구나. 계속 게임을 해야지? 이번에는 누구 차례냐?"

한국이는 냉큼 주사위를 집어 들더니 휙 하고 던졌어요. 주사위는 숫자 2가 나왔지요. 아이들은 이제 익숙해진 듯 자연스럽게 보드 판 위로 걸음을 옮겼어요.

유네스코 세계 유산이 왜 대단할까?

우리나라 문화재청은 지난 2009년 8월 정선 아리랑을 세계 유산 목록에 올리기 위해 유네스코에 등재 신청을 하였다. 하지만 2011년 6월 중국이 조선족 자치구에서 불리는 아리랑 등을 국가 무형 문화유산으로 지정해 발표하자 특별 대책이 필요하게 되었다. 중국이 아직까지 아리랑을 유네스코에 등재 신청하지는 않았지만 훗날 그렇게 할 수도 있기 때문이었다.

2012년 6월 문화재청은 후렴구가 '아리랑, 아리랑, 아라리요'로 끝나는 모든 노래들을 함께 묶어 유네스코에 다시 등재 신청서를 냈다. 그리고 마침내 유네스코 심사 기구는 아리랑에 '등재 권고' 판정을 내렸다. 즉, 아리랑이 여러 세대를 거치며 오랫동안 재창조되어 온 점을 높이 평가한 것으로, 정선 아리랑과 밀양 아리랑뿐만 아니라 지역에 따라 조금씩 다르게 불리는 모든 아리랑을 세계 유산으로 인정한 것이다. 그리하여 2012년 12월 마침내 '아리랑'이라는 이름으로 유네스코에 등재됐다.

그렇다면 세계 유산이란 정확히 무엇일까? 또 얼마나 대단한 의미가 있기에 여러 나라들이 자기 나라의 문화를 등재시키기 위해 노력하는 걸까? 유산이란 우리가 선조로부터 물려받은 것으로 우리 역시 함께하고 있으며, 앞으로 우리 후손들에게 물려주어야 할 문화를 말한다. 특히 세계유산은 유산이 속해 있는 나라나 장소와 상관없이 전 세계 사람들에게 소중한 의미가 될 수 있으며 모두 함께 보호해야 할 가치가 있는 것들로 선정된다.

유네스코는 이러한 자연 유산 및 문화유산들을 보호하기 위해 1972년 세계 문화 및 자연 유산 보호 협약, 즉 세계 유산 협약을 만들었다. 그리고 유산의 특징에 따라서 자연 유산, 문화유산, 복합 유산으로 나누었다.

만약 저개발 국가라면 유산을 보호하는 데 필요한 재정과 기술을 지원 받을 수 있다. 또한 국제적으로 이름이 높아져 관광객이 늘어나면 경제적으로도 도움이 되고, 그 나라 정부의 관심과 지원 역시 지속적으로 받을 수 있다. 반면 우리나라를 포함하여 다른 선진국들의 유산이 세계 유산으로 등재될 경우, 재정 지원을 받는 경우는 거의 없다. 오히려 '세계 문화 및 자연 유산 보호 기금'에 기부금을 내는 경우가 많다. 이 기금을 바탕으로 여러 나라를 지원하게 되고, 기부금을 낸 나라들은 기술, 정보, 연구 등 여러 가지 국제적인 지원을 받을 수 있다.

하지만 이렇게 세계 유산으로 등재될 경우 가장 좋은 점은 여러 가지 눈에 보이는 이익 이외에도 그 유산이 있는 지역이나 사람들, 더 나아가 국가의 자긍심이 높아진다는 사실이다. 뿐만 아니라 그 유산이 훼손되는 것을 막고 보존하는 데 더 큰 힘을 쏟을 것이고, 덩달아 다른 문화재에도 관심을 보일 가능성이 높다.

다만, 한 가지 생각해 봐야 할 것은 꼭 세계 유산에 선정되어야만 훌륭하고 보호해야 할 가치가 있는 것은 아니다. 우리나라는 오랜 역사를 가진 만큼 훌륭한 유산들이 수없이 많다. 하지만 아직까지 제대로 발굴되지 않았거나, 세상에 나왔다 하더라도 연구나 보호가 제대로 이루어지지 않아 사람들의 관심에서 멀어지고 훼손되는 경우가 많다. 세계 유산에 선정되는 것과 상관없이 평소에 우리 문화재에 관심을 쏟고 보호하려 노력한다면 그것이야말로 우리 스스로와 후손들에게 가치 있고 자랑스러운 일이 될 것이다.

한눈에 보는 우리나라 유네스코 세계 유산

유네스코 세계 유산은 문화·자연, 무형, 기록 유산 등으로 나뉘어요.
우리나라 세계 유산에는 어떤 것들이 있는지 분야별로 한번 알아봐요.

* 연도는 세계 유산으로 등재된 해

문화 유산 · 자연 유산

연도	유산
1995년	해인사 장경판전
	종묘
	석굴암 · 불국사
1997년	창덕궁
	수원화성
2000년	고창·화순·강화 고인돌 유적
	경주 역사 유적지구
2007년	제주 화산섬과 용암 동굴
2009년	조선왕릉
2010년	한국의 역사 마을: 하회와 양동
2014년	남한산성
2015년	백제 역사 유적지구
2018년	산사, 한국의 산지승원
2019년	한국의 서원
2021년	한국의 갯벌
2023년	가야 고분군

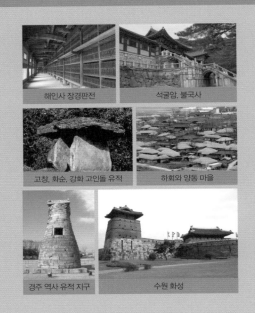

해인사 장경판전

석굴암, 불국사

고창, 화순, 강화 고인돌 유적

하회와 양동 마을

경주 역사 유적 지구

수원 화성

무형 유산

연도	유산
2001년	종묘 제례 및 종묘 제례악
2003년	판소리
2005년	강릉단오제
	강강술래
	남사당 놀이
2009년	영산재
	제주 칠머리당 영등굿
	처용무

강릉단오제

남사당놀이

종묘 제례 및 종묘 제례악

2010년	가곡(歌曲)
	대목장(大木匠)
	매사냥
2011년	줄타기
	택견
	한산 모시짜기
2012년	아리랑
2013년	김장 문화
2014년	농악(農樂)
2015년	줄다리기
2016년	제주해녀문화
2018년	씨름
2020년	연등회
2022년	한국의 탈춤

대목장   줄타기

택견   한산 모시 짜기

기록 유산

1997년	훈민정음(해례본)
	조선왕조실록
2001년	직지심체요절
	승정원일기
2007년	고려 대장경판 및 제경판
	조선왕조 의궤
2009년	동의보감
2011년	일성록
	5.18 민주화운동 기록물
2013년	난중일기
	새마을운동 기록물
2015년	한국의 유교책판
	KBS 특별생방송 '이산가족을 찾습니다' 기록물
2017년	조선왕실 어보와 어책
	국채보상운동 기록물
	조선통신사 기록물
2023년	4·19 혁명 기록물
	동학농민혁명 기록물

훈민정음(해례본)   조선왕조실록

조선 왕조 의궤

직지심체요절   승정원일기

고려 대장경판 및 제경판

5·18 민주화 운동 기록물

아름다운 고대 도시 경주

블랙과 친구들이 세계 4대 고대 도시이자 유네스코 세계 문화유산인 경주에
관해 이야기를 하고 있어요. 그런데 누군가 틀린 말을 했네요. 누가 잘못
말했는지 찾아서 바르게 바꾸어 봐요.(정답은 여러 개일 수 있어요.)

❶
신라는 삼국을 통일한 후
천 년이나 계속되었어. 그래서
신라의 수도였던 경주에는
많은 유물과 유적이 있지.

❷
석굴암 안의 둥근 천장은
360개의 돌로 이루어져 있어.
본존불과 균형을 이루는 매우
과학적인 건축물이지.

❸
첨성대는 신라 최초의
여왕인 선덕 여왕이 세웠어.
별의 움직임과 하늘의 모습을
꼼꼼히 살펴서 계절과
날씨를 예측했지.

❹
남산 지구에 가면 신라를
세운 박혁거세의 탄생 설화를 볼
수 있어. 아주 먼 옛날 동굴 안에서
신비한 빛이 비치며 알 하나가
나왔는데, 그 알에서 박혁거세가
태어났대.

정답ㅣ❶ 신라 천년이 이어졌다 것은 맞음
❹ 동굴이 아니라, 기나긴 우물에서 알이 나옴

2장

고려 시대의
세계 기록 유산

🎲 최고의 경전 팔만대장경

눈을 뜨자 파란 가을 하늘이 아이들을 반겼어요. 눈앞에는 알록달록한 가을 단풍이 온 산을 휘감고 있었지요. 살랑살랑 부는 가을바람이 아이들의 코를 간질였어요. 아이들은 기분 좋게 바람을 맞으며 숨을 잔뜩 들이마셨지요. 유진이가 기분이 좋은 듯 활기찬 목소리로 말했어요.

"우와, 시원하다. 여기는 무슨 산인데 이렇게 아름다워요?"

블랙이 대답했어요.

"이곳은 가야산이란다. 지금부터 산 중턱에 있는 해인사로 갈 거야. 세계 문화유산과 세계 기록 유산을 모두 만날 수 있는 곳이지."

"에휴, 또 절이에요? 목판 인쇄물을 보러 간다더니, 쳇."

세계가 투덜투덜 말했어요. 한국이는 해인사라는 말에 열심히 올백 노

트를 뒤지더니 크게 외쳤어요.

"해인사라면 고려 시대 때 제작된 팔만대장경이 있는 곳 맞죠? 그리고 그 경전이 세계 기록 유산이고요?"

블랙이 싱긋 미소를 지었어요.

"그렇단다. 그 팔만대장경을 보관하고 있는 해인사 장경판전 역시 세계 문화유산이란다. 자, 어서 가자꾸나. 가장 깊숙한 곳에 있으니 잘 따라와야 해."

겉에서 본 해인사 장경판전은 창문이 여러 개 나 있는 오래된 건축물로밖에 보이지 않았어요. 세계가 적잖게 실망한 듯 말했지요.

"세계 문화유산이라면 불국사 정도는 되어야 하는 거 아니야? 이건 너무 평범하잖아."

한국이가 말했어요.

"겉은 이래 보여도 해인사 안에서도 가장 오래된 건축물이야. 게다가 세계에서 가장 오래된 목판을 보관하고 있다고."

유진이가 궁금하다는 듯 물었어요.

"팔만대장경이 그렇게 대단한 거야?"

블랙은 아이들의 이야기를 잠시 끊더니 말했어요.

"아아, 왜 대단한지는 직접 보면 알 수 있어. 백문이 불여일견! 그리고 너희, 안에 들어가서 대장경을 함부로 만지거나 하면 안 된다, 알았지?"

아이들은 고개를 끄덕이며 블랙을 따라 장경판전 안으로 들어갔어요. 아이들의 눈이 금세 휘둥그레졌지요. 그곳은 무려 8만 1258개의 경판들로 가득했거든요.

"이 팔만대장경은 고려 대장경이라고도 한단다. 현재 남아 있는 목판 대장경 가운데 가장 오래되었지. 팔만대장경에는 약 5200만 자가 새겨져 있는데, 잘못된 글자가 단 한 자도 없을 정도로 정확하고 완벽해. 팔만대장경 안에 담긴 경전의 종류도 무려 1500여 종이나 되고, 이곳의 경판을 모두 이어 보면 무려 60km나 된단다."

유진이가 잠시 생각하더니 말을 이었어요.

"그런데 경전을 왜 이렇게 많이 만든 거예요?"

한국이가 올백 노트에서 눈을 떼지 못한 채 말했어요.

"그건 불교와 관련이 깊어. 고려는 신라와 마찬가지로 백성의 마음을 하나로 모으려고 불교를 사용했어. 그리고 몽골의 침입을 받자 부처의 힘으로 나라를 지키려 했단다. 그래서 고려 왕실과 온 백성의 마음을 한데 모아 팔만대장경을 만든 거야. 팔만대장경은 전 세계에 남아 있는 목판

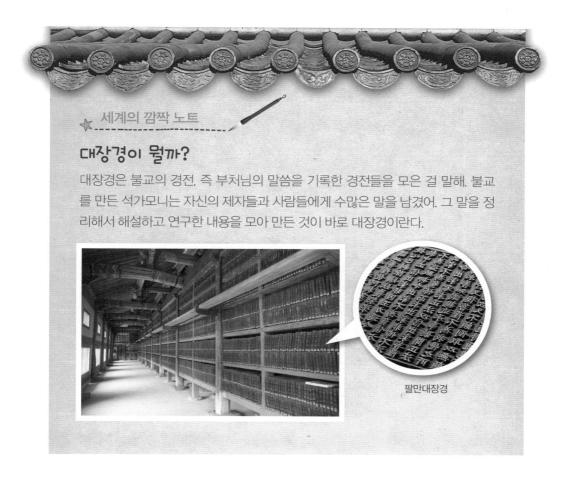

⭐ 세계의 깜짝 노트

대장경이 뭘까?

대장경은 불교의 경전, 즉 부처님의 말씀을 기록한 경전들을 모은 걸 말해. 불교를 만든 석가모니는 자신의 제자들과 사람들에게 수많은 말을 남겼어. 그 말을 정리해서 해설하고 연구한 내용을 모아 만든 것이 바로 대장경이란다.

팔만대장경

가운데 가장 오래되었지만 지금도 인쇄가 가능할 정도래."

"맙소사, 그게 가능해? 천 년 가까이 지났는데도?"

그러자 잠자코 설명을 듣던 블랙이 말했어요.

"그 비결은 바로 팔만대장경 안에 숨어 있는 과학 때문이란다. 팔만대장경은 다른 나무보다 튼튼한 산벚나무나 거제수나무로 만들어졌어. 그리고 나무가 뒤틀리거나 갈라지지 않도록 바닷물에 3년 동안 담가 놓았지. 그런 다음 적당한 크기로 잘라 소금물에 삶고 그늘에 잘 말린 뒤에야

손으로 정성껏 글씨를 새겼단다. 또한 경판이 썩거나 습기가 차지 않도록 겉면에 옻칠을 했고, 네 귀퉁이에는 구리를 박아서 경판이 변하는 걸 막았어."

아이들은 저 먼 옛날, 이렇게 놀라운 방법이 사용되었다는 사실이 믿어지지 않았어요. 세계가 다시 물었어요.

"그런데 해인사 장경판전은 왜 세계 문화유산으로 선정됐어요? 팔만대장경을 잘 보관해서 상이라도 준 건가요?"

"정답! 이런, 생각보다 똑똑하구나. 하하하!"

세계는 그냥 생각나는 대로 말했을 뿐인데, 정답이라고 하니 깜짝 놀랐

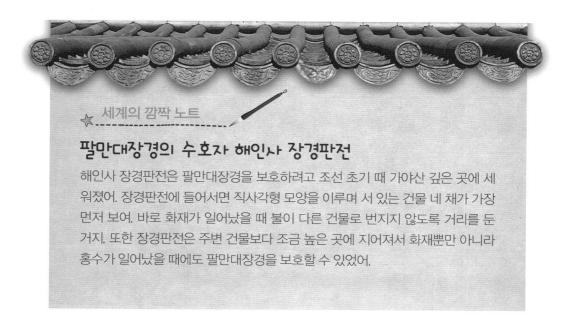

☆ 세계의 깜짝 노트

팔만대장경의 수호자 해인사 장경판전

해인사 장경판전은 팔만대장경을 보호하려고 조선 초기 때 가야산 깊은 곳에 세워졌어. 장경판전에 들어서면 직사각형 모양을 이루며 서 있는 건물 네 채가 가장 먼저 보여. 바로 화재가 일어났을 때 불이 다른 건물로 번지지 않도록 거리를 둔 거지. 또한 장경판전은 주변 건물보다 조금 높은 곳에 지어져서 화재뿐만 아니라 홍수가 일어났을 때에도 팔만대장경을 보호할 수 있었어.

어요.

"스스로 답을 찾다니 기특하구나! 실제로 해인사 장경판전은 팔만대장경을 안전하게 보관하기 위해 지어졌고 그 역할을 무척 잘 수행해 냈단다."

블랙이 계속 설명했어요.

"장경판전에서 가장 놀라운 점은 바로 창이란다."

수다라장의 내부. 위아래 크기가 다른 창은 내부의 습도를
적절하게 조절해 준다.

수다라장을 밖에서 본 모습

"창이 왜요? 건물에 창문이 있는 건 당연하잖아요."

유진이가 이상하다는 듯 묻자 블랙이 건물들을 손가락으로 가리키며
대답했어요.

"장경판전 앞 건물인 수다라장과 뒷 건물인 법보전을 보렴. 남쪽과 북
쪽의 창 크기가 서로 다르지? 이건 바람이 아래쪽 창으로 들어와 건물 안
온도를 조절한 다음, 반대편에 나 있는 창으로 다시 나가도록 설계한 것
이란다."

블랙은 발바닥으로 바닥을 통통 두들기며 다시 말을 이었어요.

"바닥을 한번 보렴. 흙으로 되어 있지? 이 흙 속에 숯, 횟가루, 소금, 모
래 등을 섞어 습기를 조절했단다. 이렇게 과학적으로 지은 덕분에 팔만대
장경이 지금까지도 제 모습을 갖출 수 있었던 거야. 이렇게 해인사 장경

판전은 조상들의 슬기와 지혜, 팔만대장경을 잘 보관해 온 노력 등을 모두 인정받아 세계 문화유산이 된 거란다."

아이들은 절 내부를 다시 한 번 둘러보았어요. 그저 팔만대장경을 보관하는 평범한 건물인 줄만 알았는데, 이렇게 과학적인 비밀이 숨겨져 있었다니 정말 놀랍고 새롭게 보였지요.

🎲 인쇄 문화의 꽃, 금속 활자와 직지심체요절

해인사를 구경하던 세계는 퍼뜩 질문 하나가 떠올랐어요.

"블랙 아저씨, 그런데 왜 옛날에는 글자를 나무에 새겼어요? 차라리 돌이나 쇠 같은 것에 새기면 썩지도 않을 텐데. 돌이나 쇠는 그때에도 많았을 거 아니에요."

블랙이 깜짝 놀라며 말했어요.

"그렇지! 네 말대로 나무는 쉽게 썩을 뿐만 아니라 글자를 자주 찍으면 금세 뭉개졌단다. 그래서 사람들은 단단한 금속에 글자를 새기기로 했지. 바로 금속 활자를 만들기 시작한 거야."

유진이가 어리둥절해 하며 말했어요.

"하지만 딱딱해서 오히려 글자를 새기기가 어려울 거 같은데요. 옛날에는 기술도 많이 발달하지 않았을 거고요."

블랙은 선글라스를 끼고 있었지만 눈이 휘둥그레지는 게 다 보일 정도로 깜짝 놀라며 말했어요.

"그렇지! 금속에 글자를 새기려면 기술이 굉장히 좋아야 해. 금속 활자를 만드는 건 생각보다 무척 어려운 일이었단다."

세계와 유진이가 연달아 칭찬을 받자, 한국이는 조금 질투가 났어요. 한국이는 입을 삐쭉이며 말했어요.

"흥! 쟤네들은 아마 금속 활자로 인쇄된 세계에서 가장 오래된 책이 우리나라의 청주 흥덕사에서 만들어졌다는 건 모를걸요?"

세계와 유진이의 눈이 동시에 휘둥그레졌어요.

"블랙 아저씨, 그게 정말이에요?"

"그래, 맞아! 너희는 정말 사람을 놀라게 하는구나……. 흠흠, 그 책이 바로 직지심체요절이란다. 역시 고려 시대 때 만들어졌지. 어이쿠, 마침 시간이 다 됐구나. 이번엔 누가 주사위를 던질 거지?"

블랙은 어울리지 않게 딴짓을 하며 허둥지둥 말했어요. 세계가 서둘러 주사위를 집더니 휙 내던졌어요. 나온 숫자대로 이동하니…… 야호, 찬스 카드다! 아이들은 조금도 망설이지 않고 카드를 뒤집었어요.

"해외여행? 프랑스? 난 외국에는 한 번도 안 가 봤는데!"

한국이의 얼굴은 부러움으로 가득했어요. 블랙이 말했어요.

"세계, 어떻게 할 거냐? 혼자서 갈 테냐, 아니면 모두와 함께?"

세계는 망설였어요. 얄미운 한국이를 생각하면 당장이라도 혼자 가고 싶었지만, 막상 혼자서 해외에 간다니 은근히 겁이 났거든요. 외국어도 잘 못하고, 쓸쓸할 것 같기도 했어요.

"하하하, 저는 누구랑 달리 마음이 넓잖아요! 우리 같이 가요!"

한국이와 유진이는 좋아하면서도 작은 목소리로 이렇게 속삭였어요.

"킥킥, 사실은 무서운 거면서!"

그때 카드가 타오르면서 아이들과 블랙을 순식간에 집어삼켜 버렸지요.

잠시 후 아이들은 고풍스러운 건물과 미로처럼 복잡한 골목길 사이 한 귀퉁이에 서 있었어요. 그곳은 바로 프랑스의 수도 파리였지요. 유진이가 두리번거리며 말했어요.

"여기가 프랑스야? 다 외국인들인 걸 보니 맞는 것 같긴 하네."

"그런 것 같아. 다들 뭔 소리를 하는지……. 그런데 이 건물은 뭐지?"

아이들 앞에 보이는 건물은 세계에서 가장 오래된 도서관인 프랑스 국립 도서관이었어요. 아이들의 멍한 표정을 본 블랙이 등을 떠밀며 말했어요.

"자, 한번 안으로 들어가 보자꾸나. 카드가 우리를 이곳으로 이끈 걸 보면 무슨 이유가 있을 거다."

블랙은 아이들을 데리고 도서관 안으로 들어갔어요. 마침 도서관에서

는 특별 전시회가 열리고 있었지요. 사람들은 전시품을 보고 무언가 말했지만, 아이들은 한마디도 알아들을 수 없었어요. 그때 한국이의 눈이 반짝였어요.

"잠깐! 설마 이곳은⋯⋯?"

한국이는 잽싸게 올백 노트를 꺼냈어요. 그러고는 폭풍처럼 노트를 넘겼지요.

"맞아, 이건 직지심체요절이야! 프랑스에 있는 한국의 세계 기록 유산 말이야!"

세계와 유진이가 직지심체요절이 무엇인지 묻기도 전에, 한국이는 지금 이 순간의 벅찬 감동을 폭풍처럼 적기 시작했어요.

"⋯⋯ 살짝 변색된 종이 표지에 찍혀 있는 'COREEN'이라는 도장이 인상적이다. 마지막 쪽에 '1377년 청주 흥덕사'라는 내용이 없었다면 이 책은 영원히 서고에 처박혀 있었을지도 모르는 일이다⋯⋯."

세계는 정신없이 글을 쓰는 한국이가 한심스럽다는 듯 혀를 차며 말했어요.

"쯧쯧, 야! 뭔지 모르지만 적당히 좀 해라. 그렇게 대단한 책이라면 서고에 계속 처박혀 있었겠냐?"

블랙이 둘 사이에 끼어들며 말했어요.

"한국이의 말이 사실이다. 직지심체요절이 발견되기 전까지 사람들은 최초의 금속 활자를 만든 사람이 독일의 구텐베르크라고 생각했어. 덕분

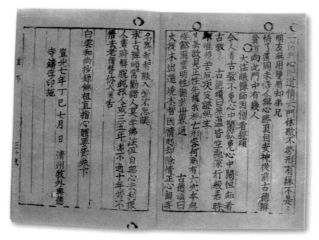

직지심체요절

에 그는 '인쇄의 아버지'라고까지 불렸단다. 하지만 직지심체요절이 소개되자 서양 사람들은 큰 충격을 받았지. 그 책은 구텐베르크가 금속 활자로 찍은 책보다 무려 70여 년이나 더 먼저 만들어졌거든. 서양 사람들은 그 사실을 절대 인정하지 않으려 했어."

아이들은 숨죽이며 블랙의 말을 들었어요. 블랙이 잠시 말을 멈춘 사이 한국이가 잽싸게 끼어들었어요.

"하지만 프랑스 국립 도서관의 연구원으로 일하던 박병선 박사가 우연히 직지심체요절을 발견한 거야."

유진이가 눈을 빛내며 말했어요.

"아하! 그래서 찬스 카드가 우리를 프랑스로 이끈 거구나. 블랙 아저씨는 다 알고 있었던 거죠?"

블랙은 말없이 미소만 지었어요. 유진이는 궁금한 듯 말을 이었어요.

"그런데 이 직지심체요절은 무슨 책이에요?"

블랙은 유리 상자 안에 놓인 직지심체요절의 표지를 가리키며 대답했어요.

"직지심체요절의 원래 이름은 '백운화상초록불조직지심체요절'이란다. '백운화상'이라는 승려가 부처님과 옛 승려들의 말씀 가운데 훌륭하거나

☆ 한국이의 올백 노트

직지심체요절을 보려면 프랑스로 가야 한다고?

조선 시대 말 우리나라는 일본, 중국, 미국, 프랑스, 러시아 등과 외교 관계를 맺고 있었어. 당시 서양 사람들은 동양의 문화에 많은 관심을 갖고 있었지. 그 가운데 우리나라에 프랑스 공사로 온 콜랭 드 플랑시도 예외는 아니었어. 어느 날 플랑시는 직지심체요절을 발견하고는 사들인 뒤 프랑스로 가져갔어. 그리고 1911년 앙리 베베르라는 사람에게 다시 팔았고, 베베르가 프랑스 국립 도서관에 기증했단다. 그렇게 직지심체요절은 아주 오랫동안 도서관 서고에서 잠자고 있었어.

하지만 1972년 프랑스 국립 도서관에서 연구원으로 일하던 박병선 박사의 눈에 띄었지. 박 박사는 직지심체요절을 연구하고 또 연구했어. 그런 노력 끝에 마침내 서양 사람들도 직지심체요절을 인정할 수밖에 없었단다. 그리고 마침내 2001년 9월 직지심체요절은 유네스코 세계 기록 유산으로 선정되었어.

교훈을 주는 내용을 골라 책으로 엮은 것이지. 원래 상, 하 두 권이었지만 지금은 하 권만 남아 있단다."

"아휴, 상 권도 함께 발견되었다면 좋았을 텐데."

세계가 안타까운 듯 말했어요.

"그러게 말이다. 아무튼 금속 활자의 발명 덕분에 인쇄 문화가 꽃을 피울 수 있었고, 많은 책이 세상으로 나올 수 있었지. 덕분에 사람들은 지식을 서로 나누고, 함께 발전할 수 있었단다. 그런데 사람들이 지식을 함께 나누려면 반드시 필요한 것이 또 있는데, 그게 뭔지 아는 사람?"

블랙이 갑자기 질문하자 아이들은 얼음 주문에 걸린 듯 우뚝 멈춰 섰어요. 다들 우물쭈물하고 있는데 갑자기 블랙의 양복 주머니 안에서 빛이 새어 나오기 시작했지요. 블랙이 말했어요.

"이런! 시간이 다 됐구나!"

우리 문화재를 돌려받으려면 어떻게 해야 할까?

우리나라 국립문화재연구소의 보고에 따르면 해외로 반출된 우리 문화재가 현재 10만 점이 훨씬 넘는다고 한다. 문화재가 해외로 나가는 데에는 경매나 기증 등 합법적인 방법도 사용되지만 문제가 되는 대부분은 불법적인 것이다. 대표적으로 전쟁, 도굴 또는 도난, 식민 지배 등의 문제가 생겼을 때이다.

우리나라 역시 일제 강점기와 6·25 전쟁 등을 거치면서 수많은 문화재가 해외로 빠져 나갔지만 하나둘씩 되돌아오고 있다. 조선 왕실 의궤 역시 정부와 민간단체들이 끊임없이 일본 정부에 계속해서 반환을 요구해 왔고, 마침내 2010년 8월 일본의 간 나오토 당시 총리는 "100주년을 맞은 한일 강제 병합을 사과하는 차원에서 이를 돌려주겠다"라고 밝혔다. 2011년 12월 6일 조선 왕실 의궤는 돌아왔고, 이와 함께 반환된 도서는 147종 1200권 정도 된다.

2011년은 문화재 반환에서 중요한 해를 차지한다. 조선 왕실 의궤와 함께 프랑스에 있던 외규장각 도서 역시 되돌아온 것이다. 우리나라는 프랑스 정부에 1866년 병인양요 때 가져 간 340여 권의 외규장각 문서를 되돌려 주기를 계속해서 요구해 왔다. 1993년 프랑스의 미테랑 대통령이 한국을 찾았을 때 외규장각 도서 전체를 반환하기로 약속했지만 실제로 이뤄지지는 못했다. 하지만 2010년 11월 서울 G20 정상 회의에서 두 나라 대통령이 합의를 이루어 냈다. 프랑스 내에서 반대하는 목소리가 컸지만 논의는 계속되었고, 외규장각 도서를 대여하는 방식으로 5년마다 이를 갱신하기로 합의하였다. 그리고 마침내 해외로 빼앗긴 지 145년 만인 2011년, 외규장각 도서는 한국으로 되돌아왔다.

2014년에는 6·25 전쟁 중에 미군이 불법 반출한 대한제국 국새를 미국과의 수사공조를 통해 돌려 받았으며 2015년에는 고종의 딸인 덕혜옹주가 일본에 머물 때 남긴 조선왕조 복식을 일본 문화학원복식박물관에서 기증받았다.

2020년에는 프랑스가 아프리카 문화재를 반환하는 법안을 통과시킨 것을 계기로 현재 프랑스 국립도서관에 있는 직지심체요절을 돌려 받기 위해 노력하겠다는 문화재청의 발표가 있었다. 직지심체요절은 2001년 유네스코 세계기록문화유산으로 등재된 세계에서 가장 오래된 금속 활자본이다. 하지만 아직까지 되찾지 못한 문화재가 수없이 많고, 찾아오는 길도 쉽지만은 않다. 유네스코는 1954년 '전시 문화재 보호에 관한 헤이그 협약'을 시작으로 여러 가지 협약을 만들었다.

우리나라는 해외에 있는 우리 문화재를 찾아오기 위해 여러 가지 노력을 한다. 요즘은 헤이그 협약에 가입하는 문제가 적극적으로 논의되고 있다. 이 협약에는 미국, 중국, 프랑스, 그리스, 인도 등 133개 나라가 가입해 있으며, 여기에 속할 경우 우리나라의 목소리를 높일 수 있을 것으로 기대한다. 하지만 그 전에 여러 가지 정치적인 상황을 고려해야 하기 때문에 무턱대고 가입할 수는 없다.

우리 문화재가 제자리를 찾는 데 가장 중요한 것은 바로 사람들의 관심이 식지 않는 것이다. 잠깐 목소리를 높이는 것이 중요한 게 아니라 시간이 오래 걸리더라도 끈기를 가지고 계속해서 노력해야만 성공적인 결과를 낳을 수 있다. 우리나라 정부뿐만 아니라 대학교, 민간단체 그리고 개개인이 한 마음으로 노력한다면 언젠가는 우리 문화재 모두가 제자리를 찾을 수 있을 것이다.

숨은 단어 찾기

우리 문화재에는 선조들의 지혜와 슬기가 담겨 있답니다.
다음 보기는 각각 어떤 문화재를 설명하고 있는지 아래 퍼즐에서 답을 찾아보세요.

보기

❶ 세계에서 가장 오래된 대장경판
❷ 1번을 보관하고 있는 절 이름
❸ 프랑스에 있는 한국의 세계 기록 유산
❹ 인쇄의 아버지라고 불린 독일 사람
❺ 세계에서 가장 오래된 도서관

팔	직	지	심	체	요	절	구
장	만	억	사	프	기	텐	수
경	해	대	용	무	베	수	옥
판	인	처	장	르	기	라	고
소	사	이	크	경	양	불	제
프	랑	스	국	립	도	서	관

3장

조선 시대의
세계 문화유산

🎲 자연과 과학의 완벽한 만남, 수원 화성

"땅! 땅! 땅!"

"빨리 조심해서 옮겨! 이 돌들만 쌓으면 완성이라고!"

어디선가 들려오는 부산스러운 소리에 아이들은 눈을 떴어요. 사람들이 돌과 흙을 바삐 나르고 있었지요.

"여기가 어디지? 저 사람들은 다 뭐야?"

유진이가 물었어요. 한국이는 주변을 두리번거렸지요. 책에서 본 것도 같은데 생각이 날 듯 말 듯 아리송했어요. 바로 그때였어요. 사람들이 한목

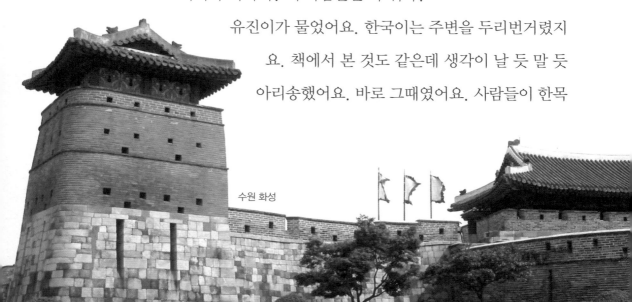

수원 화성

소리로 우렁차게 외쳤어요.

"만세, 끝이다! 만세!"

"드디어 완성이야! 정조 임금님 만세! 정약용 만세!"

순간 한국이의 귀가 번쩍 뜨였어요. 머릿속에 번개같이 스치는 생각이 있었지요. 한국이는 재빨리 말했어요.

"정조 대왕과 정약용…… 그러면 이 성은…… 그래, 맞아! 여기는 수원 화성이야!"

"정말 확실해? 얼마 전에 소풍 갔던 남한산성이랑 똑같은 것 같은데."

세계의 말에 한국이가 따지듯 말했어요.

"네 눈에는 그렇겠지. 하지만 수원 화성은 엄연히 다른 곳이야. 동서양의 문화와 기술이 조화를 잘 이룬 조선 후기 건축의 백미라고!"

"백미? 흰 쌀? 아, 갑자기 배고프네."

백미는 흰 쌀이 아니라 여럿 가운데 가장 뛰어난 것을 말해요. 한국이는 너무 어이가 없어서 입을 벌리고 멍하니 서 있었지요. 그러자 블랙이 대신 설명하기 시작했어요.

"한국이 말이 맞다. 여기는 수원 화성이야. 오늘날과 비교하면 정조 대왕 때 완성된 '신도시'라고 할 수 있지."

"그런데 우리나라에는 성이 많잖아요. 굳이 수원 화성이 세계 문화유산으로 선정된 이유가 있나요?"

조선 시대의 세계문화유산

유진이의 질문은 꽤 날카로웠어요. 블랙이 다시 설명했어요.

"좋은 질문이구나. 수원 화성은 기본적으로 적을 공격하고 감시하는 시설을 갖추었을 뿐만 아니라 성에 사는 백성들을 위해 전국 각지로 통하는 길을 내었단다. 또 큰 규모의 시장도 열게 했지. 이렇게 수원 화성은 적을 막는 일과 백성들의 삶을 좋게 하는 데 두루 도움을 준 건축물이란다. 게다가 자연을 파괴하는 대신 오히려 자연 그대로의 특징을 이용해서 성을 지었지. 산의 지형에 따라 성곽의 높이를 잘 조절했……. 으악!"

블랙은 갑자기 다가오던 사람과 그만 꽝 하고 부딪히고 말았어요. 블랙은 뒤로 벌렁 넘어졌지요. 그러자 부딪힌 사람이 오히려 큰 소리로 호통을 쳤어요.

"이보시오! 앞을 잘 보고 다녀야지! 눈이라도 다쳤으면 어쩔 뻔했소. 하마터면 내 생애 최고의 작품인 이 성을 못 볼 뻔하지 않았소!"

그 남자의 말에 한국이가 펄쩍 뛰며 말했어요.

"호, 혹시 아저씨가 수원 화성을 설계하신 정약용 선생님이에요?"

"호오, 그렇단다. 꼬마야, 넌 누군데 나를 알고 있느냐? 차림새를 보아하니 허름한 것이, 쯧쯧…….''

한국이가 이상한 말을 하기 전에 블랙이 재빨리 나서며 말했어요.

"어르신, 실은 제가 실학실생활에 도움이 되는 학문에 관심이 많습니다. 괜찮으시다면 이 아이들에게 성에 관해 직접 설명해 주시겠습니까?"

수원 화성의 장안문

　정약용은 조금 고민하다가 이내 결심한 듯 말했어요.

　"실학에 관심이 있다면야 거절할 수가 없지. 좋소, 나를 따라오시오."

　정약용은 앞장서서 걸어갔어요. 그러고는 수원 화성의 장안문에 들어
서며 말했어요.

　"이 성은 서양의 건축 방법과 기술을 이용해 지었소. 실학을 잘 이해하
고 계신 우리 정조 임금께서 백성들이 더욱 살기 좋으라고 지으신 것이
지. 뭐, 물론 아바마마이신 장조(사도세자)의 무덤을 옮기기 위해서이기
도 하지만 말이오. 이건 비밀이오만, 당파 싸움을 일삼는 신하들을 견제
하고 왕권을 강화하려는 목적도 있었소."

아이들은 무슨 소리인지 자세히 알 수는 없었지만 블랙을 따라 고개를 끄덕였어요. 수원 화성은 어찌나 크고 넓은지 한눈에 다 들어오지 않을 정도였지요. 세계가 궁금해 하며 물었어요.

"아저씨, 이 성 진짜 큰데요. 다 짓는 데 대체 얼마나 걸렸어요?"

"재작년 1월부터 공사를 시작했고, 지금이 1796년 9월경이니 약 2년 9개월 정도 걸린 것 같구나."

"말도 안 돼! 그렇게 빨리 끝났다고요?"

아이들이 우왕좌왕하며 말도 안 된다고 수선을 떨자 정약용이 허허 웃으며 말했어요.

"허허허, 그렇단다. 그게 다 거중기와 녹로^{높은 곳이나 먼 곳으로 짐을 이동시킬 때 쓰는 도르래} 덕분이지. 거중기는 도르래를 사용한 장비인데, 무거운 돌들을 나르는 데 큰 도움을 주었단다. 이 성은 우리나라에서 처음으로 벽돌을 사용해서 지었는데, 거중기가 큰 역할을 했지. 또 나라에서 일꾼들에게 품삯을 제때 잘 준 덕분에 공사가 착착 진행될 수 있었단다."

세계는 고개를 끄덕였지만 전부 이해할 수는 없었어요. 세계는 한국이의 옆구리를 쿡쿡 찌르며 물었어요.

'야, 실학은 뭐고, 거중기는 다 뭐야?'

'어휴, 실학은 실제 생활에 도움을 주는 학문이야. 정조는 실학자들과 함께 이 성을 만들었어. 그리고 거중기는…… 따로 얘기해 줄게!'

정약용이 만든 거중기

거중기는 도르래를 이용해서 무거운 물건을 쉽게 들어 올리는 기계야. 실학자들은 수원 화성을 만들기 위해 여러 가지 기술과 지식을 연구했고, 서양의 기술도 많이 공부했어. 실학에 관심이 많았던 정조 대왕은 정약용이 거중기를 만드는 데 참고하도록 중국의 책도 구해 줬지. 거중기 덕에 수원 화성은 짧은 시간 안에 단단하고 튼튼하게 만들어졌단다.

수원 화성 박물관 앞에 전시된 거중기

수원 화성의 비밀을 남겨라!

성을 짓기 위한 준비 과정부터 완공까지의 모든 기록들은 바로 『화성 성역 의궤』에 담겨 있었어. 공사 기간은 물론 건축에 쓰인 자재들과 건축 방법, 건설에 참여한 사람들의 수까지 전부 기록되어 있었지. 일제 강점기를 지나고 6·25 전쟁을 겪으면서 수원 화성이 많이 훼손되었지만 원래 모습대로 복원될 수 있었던 건 바로 이 의궤 덕분이었어. 그리고 마침내 수원 화성은 서양의 건축 기술과 동양의 아름다움이 완벽하게 조화를 이룬 걸 인정받아 세계 문화유산으로 지정되었단다.

한국이가 정약용에게 다시 질문했어요.

"저기, 정조 임금님께서 이곳 수원으로 수도를 옮기신다고 하던데, 일찍 돌아가시는 바람……. 읍읍읍!"

갑자기 블랙이 한국이의 입을 턱 막았어요.

'쉿! 그건 아직 미래의 일이야. 말하면 안 돼! 과거를 여행할 땐 자나 깨나 입조심, 알겠니?'

"왜 말을 하다 마오?"

정약용이 알 수 없다는 표정을 지었어요.

"하하하, 아무것도 아닙니다. 이 아이가 워낙 호기심이 많아서요!"

그때였어요. 정약용이 갑자기 세계를 향해 크게 소리쳤어요.

"안 된다, 얘야! 그곳은 행궁이야. 왕께서 임시로 사용하는 궁궐 안에 그렇게 막 들어가면 안 된다! 큰 벌을 받을 수도 있어!"

"응? 왕이 사용하는 궁궐? 블랙 아저씨, 궁궐은 경복궁 아니에요?"

세계가 멈칫하며 큰 소리로 묻자 블랙이 싱긋 미소를 지었어요.

"그래, 네 말이 맞다. 조선 시대 왕들은 도읍지였던 한양(지금의 서울)의 궁궐에서 살았지. 이 행궁은 임금이 지방에 행차^{윗어른이 길을 나섬}를 나가거나 전쟁 등으로 수도를 떠나야 할 때 잠시 머물던 곳이란다. 한양에는 경복궁 말고도 창덕궁, 창경궁, 덕수궁, 경희궁 등 여러 궁이 있어. 그리고 이 가운데 하나가 또 세계 문화유산으로 지정됐다는 사실!"

아이들의 눈이 호기심으로 빛나자 블랙이 우쭐해 하며 말했어요.

"자, 다음 장소로 가야겠군. 이번엔 한국이가 던져 볼래?"

한국이는 누구한테 뺏길 새라 주사위를 냉큼 집어 들고 휙 던졌어요. 모두 함께 주사위 숫자만큼 이동하자 또 다시 찬스 카드가 나왔지요.

"야호! 드디어 나도 찬스 카드를 쓸 수 있다!"

한국이는 누가 말릴 새도 없이 잽싸게 카드를 뒤집었어요. 하지만 곧 아무런 말없이 돌이 된 듯 굳어 버렸지요. 유진이가 그런 한국이를 보며 걱정스레 물었어요.

"한국아, 왜 그래? 무슨 내용인데?"

한국이는 조용히 카드를 건넸어요.

나 홀로 미션!

당신은 오직 혼자서 이동해야 합니다.
지금 서 있는 곳에서 한 칸 뒤로 이동하십시오.
그곳이 어디인지 알아내야만 탈출할 수 있습니다.
단, 이 카드는 필요한 경우 딱 한 번만
변신 카드로 사용 가능합니다.

　한국이의 눈에 눈물이 그렁그렁하기 시작했어요. 아이들에게 투덜대기는 했지만, 사실은 다 같이 여행하며 보드 게임을 하는 게 무척 즐거웠거든요. 그러자 블랙이 가만히 다가와 한국이의 어깨에 손을 얹고 말했어요.

　"나한국. 넌 잘할 수 있다. 너만큼 세계 문화유산을 잘 아는 아이가 어디 있겠니? 오히려 나는 네가 이 카드를 뽑아서 다행이라고 생각한단다. 침착하게 행동하면 충분히 해결할 수 있을 거야."

한국이는 블랙의 칭찬에 금방 기분이 좋아져서 이내 큰소리를 쳤어요.

"네! 맡겨 주세요. 하긴 똑똑한 내가 너희보다야 낫겠지, 하하하!"

유진이와 세계는 걱정이 되면서도 살짝 어이가 없어서 아무 말 못하고 서 있었어요.

한국이는 크게 숨을 한 번 내쉬고는 곧 빛 속으로 사라졌어요.

블랙과 두 아이들도 다음 칸으로 이동했지요.

🎲 자연을 사랑한 조상들의 작품, 창덕궁

어느 새 한국이는 커다란 궁 앞에 도착해 있었어요.

"우와, 굉장한데. 한번 들어가 볼까?"

하지만 문 앞에는 험상궂게 생긴 문지기 두 명이 떡 하니 서 있었어요. 한국이는 용기를 내서 씩씩하게 들어가려 했지만……

"예끼, 이놈! 어딜 감히 들어오려 하느냐! 썩 꺼지거라!"

문지기들의 기세에 물러설 수밖에 없었어요. 한국이는 어떻게 할지 고민하다가 퍼뜩 한 가지 생각이 떠올랐어요. 바로 찬스 카드였지요! 딱 한 번 변신 카드로 사용할 수 있다는 그 카드! 한국이는 주머니에 넣어 둔 찬스 카드를 재빨리 꺼낸 다음, 카드를 입에 대고 작게 중얼거렸어요.

"조선의 높은! 음, 아주 높은 관리로 변신시켜 줘!"

그러자 카드에서 은은한 빛이 나와 한국이를 감쌌어요. 잠시 후 한국이는 조선의 관복을 입은 늠름한 어른으로 변해 있었지요. 한국이는 쿵쾅쿵쾅 심장이 다 떨리는 듯했지만 문 앞으로 다시 다가갔어요. 문지기들은 한국이를 한번 보더니 꾸벅 인사하며 길을 내주었어요.

'후유, 다행이다. 히히.'

한국이는 문 위에 걸린 현판을 떠듬떠듬 읽어 보았어요.

'돈, 하. 아니, 화, 문. 아하, 돈화문! 많이 들어 본 이름 같은데?'

그때 한국이의 눈앞에 아는 얼굴이 하나 지나갔어요. 한국이는 반가운 마음에 그 사람에게 냅다 달려갔지요.

"정약용 아저씨!"

"어이쿠, 누구신가? 나를 아시는가?"

아차, 한국이는 지금 변신했다는 걸 잠깐 까먹고 있었어요.

"아, 아닙니다. 멀리서 선생님을 한 번 뵈었는데 너무 반가워서, 하하!"

"흠, 그러신가. 그래 여기 창덕궁에는 어쩐 일로?"

그때 한국이의 머릿속에 종이 뎅뎅 울렸어요. 창덕궁의 돈화문! 이렇게 금방 답을 풀다니! 한국이는 기분이 좋아져 한결 여유롭게 주변을 둘러보았어요. 정약용이 말했어요.

"흠, 나랏일을 한지 얼마 안 되는 모양이구먼. 좋네. 내가 이곳 구경을 시켜 주지. 나를 따라오게나."

정약용은 한국이를 이끌고 어디론가 바삐 걸어갔어요. 두 사람은 돈화문을 지나 오른쪽에 있는 금천교를 건넜어요. 그러자 인정전과 인정문이 눈앞에 보였지요. 한국이는 창덕궁의 고풍스러움과 아름다움에 크게 반하고 말았어요. 정약용이 설명했어요.

"창덕궁은 최대한 자연과 어울리게 지은 곳이라네. 건물 자체가 자연과 조화가 잘 되어 있지."

그때 어디선가 노랫소리가 들리는 듯했어요. 한국이는 자기도 모르게 북쪽의 왕실 정원인 후원으로 발걸음을 옮겼지요. 자연스럽게 나 있는 오솔길 주변으로 울창한 숲과 오래된 나무, 희귀한 수목들과 졸졸졸 흐르는 계곡이 보였어요. 부용정, 주합루 등 자연과 잘 조화를 이룬 건축물에서 눈을 뗄 수 없었지요.

'맙소사. 이렇게 아름다울 수가!'

한국이는 정신없이 후원을 둘러보았어요.

얼마나 지났을까. 누군가가 한국이의 등을 탁탁 두드렸어요.

"자네, 어디 있었나? 한참을 찾았다네. 그리고 후원에 이렇게 함부로 들어와서는 안 돼. 지금 왕께서 연회를 베푸는 중인데 자네가 눈에 띄면 큰일 난다네."

정약용이 걱정스런 얼굴로 서 있었어요. 한국이는 작게 속삭였어요.

조선 왕조의 자랑 창덕궁

창덕궁은 1405년 태종 때 지어졌어요. 자연과 조화를 이룬 가장 한국적인 궁궐이라는 평을 듣지요. 어떤 곳인지 구석구석 한번 알아볼까요?

돈화문
창덕궁으로 들어서는 문으로, 우리나라에서 가장 오래된 궁궐 정문이에요.

인정문과 인정전
왕의 즉위식이 열리기도 했던 곳. 인정전은 신하들의 하례식이나 외국 사신을 맞이하던 장소로도 쓰였어요.

선정전
초기에는 왕이 신하들과 함께 나랏일을 논의하던 곳으로 쓰이다가 훗날 왕과 왕비의 신주를 모시는 곳으로 사용되었어요.

희정당

왕과 왕비를 비롯한 왕족들이 살던 곳. 훗날 신하들과 나랏일을 의논하는 곳으로도 사용되었어요.

대조전

왕과 왕비의 침실로 사용되었어요.

낙선재

헌종이 후궁을 위해 마련한 곳으로, 조선의 마지막 왕인 순종의 왕비 순정왕후가 이곳에서 생을 마감했어요.

부용지

창덕궁에서 가장 아름답다고 손꼽히는 곳 가운데 하나. 부용지의 연못은 우주의 사상을 본떠 만들었는데 네모난 연못 한가운데에 작은 섬이 있어요.

"아, 네. 그런데 이 후원은 정말 아름다워요. 임금님께서는 좋으시겠어요. 이렇게 아름다운 곳에서 나랏일을 보시니 말이에요."

한국이는 이렇게 아름다운 창덕궁이 앞으로 겪을 일을 생각하니 안타까웠어요. 임진왜란 때 인정전, 희정당, 대조전 등 궁의 곳곳이 불에 타 없어졌거든요. 게다가 그 이후에도 몇 번이나 더 불에 타고 다시 짓는 일을 반복해야 했지요. 또한 조선 후기에는 대조전에서 '한일 병합'일본이 우리나라를 식민지로 만들기 위해 강제로 맺은 조약이 강제로 체결되기도 했고, 화재로 불타 버린 궁을 일본인들이 복원하면서 많은 부분이 훼손되기도 했어요. 그 결과 창덕궁의 규모와 모습이 예전과는 많이 달라졌지요. 한국이는 정약용에게 꾸벅 절하며 말했어요.

"나리, 조선이 더 강한 나라가 될 수 있게 힘써 주십시오. 저는 이만 가 보겠습니다."

정약용은 이상하다는 듯 한국이를 보며 말했어요.

"그러게나. 자네도 건강하시고 학문에 힘쓰시게."

한국이는 아쉬웠지만 씩씩하게 고개를 끄덕였어요. 그리고 주머니에 있는 카드를 손에 쥔 채 중얼거렸어요.

"여기는 창덕궁이에요. 아프도록 아름다운 역사를 지닌 우리의 창덕궁이에요."

그러자 한국이의 모습은 온데간데없이 사라졌어요.

자연과 조화를 이룬 40개의 조선 왕릉

그 사이 블랙과 두 아이들은 거대한 무덤 앞에 도착해 있었어요. 경주에서 이미 산처럼 큰 신라 왕들의 무덤을 본 아이들은 알 수 없다는 표정을 지었어요. 아이들의 마음을 다 아는 듯 블랙이 씩 웃으며 말했어요.

"너희가 지금 무슨 생각을 하는지 다 안다. 평범해 보이는 이런 무덤들이 왜 자꾸 세계 문화유산으로 지정되는지 이해가 안 되지?"

아이들이 고개를 끄덕거리자 블랙이 계속 말했어요.

"여기는 바로 조선 왕릉이란다. 유네스코에서는 총 119기의 조선 왕조

경기 여주군 세종 대왕의 영릉. 뒤에서 바라본 풍경

- ❶ 판위
- ❷ 홍살문
- ❸ 수복방
- ❹ 수라방
- ❺ 정자각
- ❻ 비각
- ❼ 산신석
- ❽ 소전대
- ❾ 예감
- ❿ 석마
- ⑪ 무인석
- ⑫ 장명등
- ⑬ 혼유석
- ⑭ 망주석
- ⑮ 석양
- ⑯ 석호
- ⑰ 곡장

무덤에서 왕과 왕비가 잠들어 있는 왕릉 42개 가운데 40개를 세계 문화유산으로 지정했지."

세계가 냉큼 물었어요.

"왜 2개는 뺐어요?"

"나머지 2개는 '제릉'_{태조의 비 신의왕후의 능}과 '후릉'_{정종과 정안왕후의 쌍릉}인데 북한에 있기 때문이란다. 황해북도 개성에 있지. 조선 왕릉이 세계 문화유산으로 선정된 건 다른 나라 왕들의 무덤에서 볼 수 없는 독특한 특징들이 있기 때문이란다. 어디, 유진이가 한번 말해 볼까?"

유진이는 찬스로 얻은 태블릿을 이용할 기회가 생겨서 아주 기뻤어요.

"에헴! 그건요. 조선 왕릉은 중국의 진시황릉이나 이집트의 피라미드만큼 크지는 않지만, 519년 동안 이어진 조선 왕조의 무덤들이 고스란히 잘 보존되어 있어서예요. 게다가 왕릉 대부분이 조선의 수도였던 한양(오늘날의 서울)에서 약 100리(약 52㎞) 안에 모여 있다는 게 특이한 점이지요. 게다가 모두 일정하게 늘어서 있고, 자연과 잘 조화를 이루고 있대요. 어때요, 제 말이 다 맞죠?"

블랙이 만족스러운 듯 고개를 끄덕거렸어요.

"맞아. 조상들은 왕의 무덤을 정할 때 풍수지리에 따라 가장 좋은 장소를 결정했단다. 풍수지리는 산, 물, 땅, 바람 같은 자연이 사람의 행복과 불행을 결정한다는 생각을 말해. 그래서 우리나라의 건축물이나 왕릉들은 자연과 잘 조화를 이룬단다."

이번에는 세계가 질문했어요.

"블랙 아저씨, 그럼 가장 좋은 자리에 묻힌 왕은 누구예요?"

블랙은 잠시 생각을 가다듬고 말했어요.

"내 기억으로는 아마 조선을 세운 태조 이성계가 잠든 건원릉이 최고의 명당이라고 알고 있다."

그러자 유진이가 태블릿을 보며 말했어요.

"조선의 첫 번째 왕이라 그런 건가요? 1대 왕의 무덤이 좋은 곳에 있어서 조선 왕조가 오래 이어졌을지도 몰라요. 풍수지리에 따르면요."

블랙이 기특하다는 듯 유진이의 머리를 쓰다듬었어요. 세계는 부러운 듯 그 모습을 쳐다봤지요. 그때 블랙이 갑자기 질문을 했어요.

"신라와 고려가 불교를 중요히 여겼다면 조선이 중요하게 여긴 것은 무엇일까?"

유진이가 태블릿을 검색하는 사이 이번에는 세계가 재빨리 말했어요.

"유교요! 저 그거 알아요, 유교예요!"

유진이가 아쉬운 듯 이어서 말했어요.

"에이, 나도 아는데. 유교에서는 사람이 죽으면 영혼은 하늘로 올라가고 몸은 땅으로 돌아간다고 생각했어요. 그래서 영혼을 위해 따로 신주^{죽은 사람의 영혼이 깃들었다고 믿은 나무패}를 만들었어요."

블랙이 미소를 지으며 말했어요.

"둘 다 무척 잘 알고 있는걸? 그럼 그 신주와 관련된 곳도 세계 문화유산으로 지정된 걸 알고 있니? 이제 다시 가야 할 시간이구나."

유진이가 주사위를 던졌고, 또다시 찬스 카드가 나오자 아이들은 심각해졌어요. 한국이처럼 혼자 여행하고 싶지는 않았거든요. 유진이와 세계가 머뭇거리자 블랙이 말했어요.

"찬스 카드를 굳이 사용할 필요는 없어."

그러자 세계가 의외의 말을 했어요.

"하지만 한국이를 만나야 하잖아요. 혹시 우리 도움이 필요할지도 몰라요."

유진이도 그 말에 용기를 얻은 듯 말했어요.

"맞아요. 해 보죠, 뭐."

유진이는 눈을 꼭 감고 카드를 뒤집었어요.

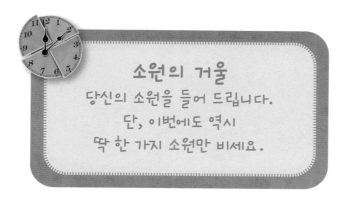

소원의 거울
당신의 소원을 들어 드립니다.
단, 이번에도 역시
딱 한 가지 소원만 비세요.

그러자 보드 판에서 거울 하나가 쓱 떠올랐어요.

"야호! 소원의 거울이다!"

"그렇구나. 그래, 소원이 뭐지?"

블랙이 이렇게 묻자 아이들은 동시에 외쳤어요.

"한국이를 데려오고 싶어요!"

광화문? 光化門? 어느 것으로 해야 할까?

광화문과 光化門은 같은 말이다. 앞의 말은 한글이고, 뒤의 말은 한자이다. 하지만 요즘 두 낱말을 두고 말이 많다. 균열이 생긴 광화문 현판을 바꾸어야 하는데 어떤 글자로 하는 게 좋을지 서로 다른 의견들을 내놓는다. 한글 단체는 광화문이 세종로에 있으며 한글의 정체성까지 고려할 때 한글로 하는 것이 옳다고 주장한다. 하지만 다른 사람들은 이미 경복궁을 1865년에 맞추어 복원했기 때문에 광화문 역시 옛날 모습을 간직해야 한다고 주장한다. 그 당시처럼 현판을 한자로 하는 것이 옳다는 뜻이다.

광화문 현판은 6·25 전쟁 때 공격을 받아 사라졌다. 이후 1968년 광화문을 철근과 콘크리트를 사용해 다시 세우면서 박정희 전 대통령이 쓴 한글 현판을 걸었다. 하지만 2005년 노무현 정부는 광화문을 고종 때의 모습으로 복원하기로 결정하였다. 이때도 현판 글자를 놓고 말들이 많았는데, 그해 5월 국립 중앙 박물관에서 20세기 초반의 광화문을 촬영한 필름이 발견되었다. 필름을 복원한 결과 그 당시 글자를 확인할 수 있었고, 그에 따라 지금까지 광화문에는 1865년 고종 중건 당시 공사 책임자였던 훈련 대장 임태영이 쓴 한자 현판이 걸려 있었다.

이렇게 광화문을 복원하려고 할 때마다 현판의 글자를 놓고 논란이 계속되었는데, 가장 큰 문제는 어떤 원칙도 없다는 점이다. 가능하다면 원래의 모습 그대로 복원하는 것이 문화재를 관리하는 기본 자세인지, 아니면 시대에 맞게 변화시키는 것이 옳은 일인지 확실히 정해 놓지 않는다면 이런 논란은 계속될 것이다.

우리나라 세계 유산에 숨겨진 뒷이야기

유네스코에서 지정한 우리나라 세계 유산에는 다양한 이야기들이 숨어 있답니다.
어떤 흥미진진한 내용들이 있는지 한번 알아볼까요?

석굴암은 일제 강점기 때 많은 부분이 훼손되었다.

석굴암 본존불 이마에 보석이 있었다?

원래 본존불의 이마에는 흰 호랑이를 상징하는 보석이 박혀 있었대요. 해가 뜨면 석굴암으로 한줄기 빛이 들어왔고, 그 빛이 백호에 반사되어 사방으로 분산되며 석굴암 내부를 환하게 비추었지요. 하지만 일제 강점기 때 일본 사람들이 보석을 떼어 가서 지금은 볼 수 없어요.

2004년 창덕궁 후원은 출입이 금지된 지 25년 만에 다시 일반인에게 개방되었다.

조선 왕실의 비밀을 간직한 창덕궁 후원

후원은 한때 금원이라고도 불렸어요. 금원은 '출입이 금지된 정원'이라는 뜻으로 일반 백성의 출입이 철저하게 금지된 왕실만을 위한 정원이었어요. 이곳에서 왕과 왕족은 독서나 사냥을 즐기고 휴식을 취했지요. 지금도 창덕궁 후원을 보려면 개인 자유 관람은 안 되고, 미리 예약한 후 안내인과 함께해야만 돌아볼 수 있어요.

능과 묘의 차이는?

일반적으로 왕과 왕비가 잠든 곳을 '능'이라고
해요. 그리고 왕세자와 왕세자빈, 왕비는 아니
지만 왕의 어머니인 경우 그리고 왕위에 오르지
못한 왕의 부모의 무덤을 '원'이라고 불러요. 그
밖에 왕자와 공주, 옹주, 후궁, 귀인 등이 묻힌
장소를 '묘'라고 하지요.

하지만 연산군과 광해군은 조선의 왕이었음에
도 불구하고 잠들어 있는 곳을 '연산군 묘', '광
해군 묘'라고 불러요. 왜냐하면 중간에 쫓겨난
왕들이거든요. 이 두 왕은 종묘에 신주도 모셔
져 있지 않아요. 연산군 묘(사적 제362호)는 서
울특별시 도봉구에, 광해군 묘(사적 제363호)는
경기도 남양주시에 있답니다.

또 한 가지 재미있는 사실! 경주의 '천마총'처럼
무덤의 이름에 '총'이 붙는 경우는 어떨까요? 바
로 무덤의 주인이 왕인 것은 확실한데, 정확히
누구인지 알 수 없을 때를 말한답니다. 그래서
이름 대신 '총' 앞에 그 무덤에서 발굴된 대표적
인 유물의 이름을 붙이는 거예요.

연산군 묘(왼쪽)와 그의 부인 신 씨의 묘

광해군 묘(왼쪽)와 그의 부인 유 씨의 묘

북한에도 세계 유산이 있다!

중국 북동부와 북한 지역에는 고구려 왕들의 무
덤이 모여 있는 곳이 있어요. 이곳을 고구려 고
분군이라고 하는데 건축 기술이 무척 뛰어나지
요. 그리고 무덤 안 벽화는 1300년이 넘은 지금
보아도 아름답고 생생해요. 이런 점을 인정받아
서 고구려 고분군은 2004년에 세계 유산으로
선정되었어요. 우리 역사상 가장 넓은 영토를
개척했던 광개토 대왕의 왕릉으로 추정되는 태
왕릉과 그의 아들 장수왕의 왕릉으로 추정되는
장군총도 바로 고구려 고분군에 있어요.

중국 지린 성 지안시의 태왕릉

아름다운 세계 유산 퀴즈

조선 왕조가 이룩한 세계 유산에는 무엇이 있을까요? 아래 그림과 설명을 보고 어떤 문화재인지 맞혀 보세요.

❶ 적을 공격하고 감시하는 시설을 갖추었을 뿐만 아니라 큰 규모의 시장도 열어서 백성들의 삶을 좋게 하는 데 도움을 준 건축물은?

❷ 정약용이 개발한 것으로 도르래를 이용해 무거운 물건을 쉽게 들어 올려서 성을 쌓는 데 큰 도움을 준 기계는?

❸ 창덕궁으로 들어서는 문으로, 우리나라에서 가장 오래된 궁궐 정문은?

❹ 창덕궁에서 가장 아름답다고 손꼽히는 장소로, 우주의 사상을 본떠 만든 연못은?

정답 ❶ 수원 화성 ❷ 거중기 ❸ 돈화문 ❹ 부용지

4장

조선 시대의
세계 무형 유산과
세계 기록 유산

🎲 조선의 뿌리 종묘와 종묘 제례악

"한국아!"

"애들아!"

유진이와 한국이는 서로 얼싸안고 펄쩍펄쩍 뛰었어요. 세계도 안 그런
척했지만 무척 기쁜 것 같았지요. 한국이와 세계는 슬쩍 악수를 하더니
언제 그랬냐는 듯 서로 딴 곳만 바라보았어요.

블랙이 아이들을 재촉하며 말했어요.

종묘 정전

"자, 이제 출발해 볼까?"

곧 아이들의 눈앞에 종묘가 나타났어요. 그 모습은 무척 엄숙하고 경건해 보였지요. 지금까지 보아 왔던 다른 건축물들과는 달리 소박하고 단아해 보이기도 했어요. 앞마당에는 거친 돌들이 깔려 있었고요. 하지만 뭐니 뭐니 해도 아이들의 눈길을 가장 먼저 사로잡은 건 좌우로 길쭉한 건물 하나였어요. 바로 '정전'이라는 곳이었지요. 생각했던 것보다 규모가 훨씬 커서 깜짝 놀랄 정도였어요.

아이들은 붉은 기둥이 빼곡하게 세워진 영녕전 앞으로 걸어갔어요. 그때 갑자기 세계가 유진이 앞에 털썩 무릎을 꿇으며 말했어요.

"전하, 통촉하시옵소서! 종묘사직을 보존하셔야 합니다!"

"깔깔깔, 너 왜 그래? 사극을 너무 많이 본 거 아니야?"

세계가 킥킥 웃으며 말했어요.

"맞아. 사극에 매번 나오는 대사잖아. 그 종묘가 바로 여기 종묘를 말하는 게 아닐까?"

한국이가 어느 틈에 다가와 깜짝 놀라며 말했어요.

"아무튼 눈치는 백단이에요. 그래, 네 말이 맞아. 종묘는 조상들의 신주를 모셔 놓은 곳이기 때문에 정말 중요했어. 오죽하면 임진왜란 때 왜구를 피해 달아나면서도 종묘에 있는 신주를 가장 먼저 챙겼다고 하겠어. 종묘는 조선 왕조의 뿌리나 다름없었어."

그때 유진이가 손가락을 탁 튕기며 말했어요.

"맞다! 나 여기 와 본 적 있어! 이곳에서 무슨 행사가 열리는 걸 봤어. 누군가는 왕으로 분장하고, 다른 사람들은 춤도 추고 악기도 연주하던데?"

"아하! 그건 종묘 제례와 종묘 제례악이야. 유네스코 세계 무형 유산으로 선정된 거지."

한국이가 아무렇지도 않다는 듯 툭 내뱉었어요.

"뭐라고, 진짜?"

"그럼 진짜지. 아마 네가 본 건 조선 왕조의 후손들이 매년 5월 첫 번째 일요일에 지내는 종묘 제례였을 거야. 나라를 세우고 일으키는 데 공을

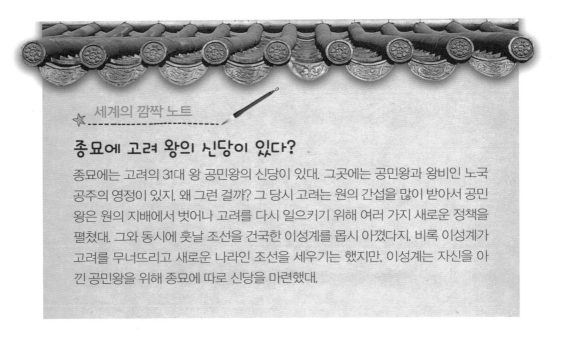

☆ 세계의 깜짝 노트

종묘에 고려 왕의 신당이 있다?

종묘에는 고려의 31대 왕 공민왕의 신당이 있다. 그곳에는 공민왕과 왕비인 노국 공주의 영정이 있지. 왜 그런 걸까? 그 당시 고려는 원의 간섭을 많이 받아서 공민 왕은 원의 지배에서 벗어나 고려를 다시 일으키기 위해 여러 가지 새로운 정책을 펼쳤대. 그와 동시에 훗날 조선을 건국한 이성계를 몹시 아꼈다지. 비록 이성계가 고려를 무너뜨리고 새로운 나라인 조선을 세우기는 했지만, 이성계는 자신을 아 낀 공민왕을 위해 종묘에 따로 신당을 마련했대.

종묘 제례

세운 조선의 왕들을 위한 제사지. 옛날에는 1월, 4월, 7월, 10월, 동지가 지난 12월에 지냈고, 나라에 큰 일이 있을 때 치르기도 했대.”

유진이는 선물로 받은 태블릿 컴퓨터로 검색하기 시작했어요. 그때 어떤 음악이 흘러나왔고, 유진이가 손뼉을 치며 외쳤지요.

“이거다! 분명 그때 들었던 음악이야!”

블랙이 웃으며 말했어요.

“하하하, 바로 이 곡이 종묘 제례 때 연주하는 종묘 제례악이란다. 이 음악이 만들어지기 전까지는 주로 중국의 ‘아악’을 연주했는데 이를 안타깝게 여긴 왕이 있었어. 바로 세종 대왕이란다. 세종 대왕은 한국의 전통 음악과 가락을 바탕으로 종묘 제례악을 만들었어. 만들어진 지 500년도 더 넘었지만 지금 들어도 충분히 웅장하고 위엄이 느껴지지. 음색 역시 화려하고 웅장해서 세계 무형 유산으로 선정되었단다. 또한 궁중 연회 때 추던 춤도 유네스코 세계 무형 유산으로 선정되었어."

음악과 춤을 무척이나 좋아하는 유진이가 냉큼 물었어요.

"춤이요? 어떤 춤인데요?"

"바로 처용무란다. 처용무의 역사는 더 오래되었어. 통일 신라 때부터 있었을 거라고 추측하는데, 조선 시대를 거쳐 오늘날까지 이어졌지. 한 번 생각해 보렴. 무려 천 년 전의 춤이 지금도 그 가치를 인정받다니 정말 놀랍지 않니? 처용무를 새로 정비한 사람 역시 세종 대왕이었단다. 정말

대단한 분이지."

세계가 감탄하며 말했어요.

"와, 세종 대왕은 정말 바빴겠어요!"

블랙이 웃으며 말했어요.

"하하, 아마 그랬을 거야. 처용무는 가면을 쓴 다섯 사람이 등장한단다. 그들은 동서남북과 중앙을 상징하는 색색의 옷을 입고 춤을 추었지. 그 춤에는 주위의 나쁜 기운을 물리친다는 뜻이 담겨 있었어. 시간이 흐르는 동안 처용무는 계속 변화하고 발전했단다. 그 노력과 가치를 인정받아서 세계 무형 유산으로 선정될 수 있었지."

처용 이야기

옛날 고려 시대에 일연이라는 사람이 『삼국유사』라는 책을 썼어. 처용무는 그 책에 나온 '처용 이야기'에서 유래한 춤이란다.

옛날 옛날 신라의 원성왕이 개운포로 놀러 나갔다가 구름과 짙은 안개 때문에 길을 잃었대. 그 사건이 용의 장난이라는 걸 알게 된 왕은 그곳에 절을 짓기로 했지. 그러자 구름과 안개가 걷혔고, 왕은 동해의 용과 일곱 아들을 만날 수 있었어. 그리고 용의 아들들 가운데 하나가 인간 세상에 남기로 하자, 왕은 그에게 처용이라는 이름을 내리고 예쁜 아내와 결혼시켜 벼슬도 내렸지.

그런데 역병을 다스리던 역신이 처용의 아내를 좋아하게 된 거야. 어느 날 밤 처용이 집에 돌아와 보니 역신이 자신의 아내와 함께 있었어. 하지만 처용은 화를 내지 않고 조용히 자리를 떠나 춤을 추며 노래를 불렀지. 역신은 처용의 그러한 마음 씀씀이에 감탄했고, 그 후로 처용의 얼굴이 그려진 곳에는 절대 들어가지 않기로 했대. 그래서 그날 이후부터 집 대문에 처용의 얼굴을 그린 종이를 붙여 놓으면 역병을 막아 준다는 풍습이 생겼단다.

 기록 유산의 꽃, 조선 왕조 의궤

"그런데…… 블랙 아저씨."

세계가 침묵을 깨고 블랙에게 물었어요. 아이들과 블랙의 시선이 몽땅 세계에게 쏠렸지요.

"우리 주사위는 언제 던져요? 히히."

"어이쿠, 안 그래도 물어볼 줄 알았다. 이번에는 누구 차례……?"

블랙의 말이 끝나기도 전에 세계가 잽싸게 주사위를 던졌어요. 이번에 나온 숫자는 6이었어요. 아이들은 처음과는 달리 무척 신 나하며 보드판 위로 발을 내딛었지요. 블랙은 웃을 듯 말 듯한 표정을 지으며 뒤따랐어요.

일행이 도착한 곳은 거리 한복판이었어요. 아이들이 두리번거리고 있을 때, 엄청나게 큰 소리가 들려왔지요.

"삘릴리!"

뜬금없는 태평소 소리에 모두 깜짝 놀랐어요. 블랙이 급하게 손짓하며 말했어요.

"빨리 이리로 와라! 길 한가운데 있다가는 끌려가기 십상이다!"

아이들은 블랙이 손짓한 대로 맞은 편 길옆에 있는 나무 그늘에 몸을 숨겼어요. 세계가 먼지투성이인 얼굴로 물었어요.

"아저씨, 그게 무슨 소리예요? 왜 우리를 잡아가요? 그리고 저 음악 소리랑 울음소리, 많은 사람들은 다 뭐죠?"

"쉿! 목소리를 낮추렴. 지금 정조의 국장, 즉 왕의 장례식을 치르는 중이란다. 너희는 방금 전에 그 길을 막고 있었던 거야. 잘못하면 목숨이 날

아갈 수도 있었……!"

"쉿! 조용히! 지금 중요한 작업 중이니 목소리를 낮추시오!"

갑자기 어디선가 낯선 목소리가 들려왔어요. 블랙이 깜짝 놀라 엉덩방 아를 찧으며 뒤로 넘어졌지요. 그 모습이 어찌나 우습던지 한국이가 깔깔 대며 웃었어요. 그러자 낯선 목소리의 주인공이 다시금 입을 열었어요.

"조용히! 제발 방해하지 말아 주시오. 나는 지금 저 행렬을 하나도 빠짐 없이 그려야 합니다. 당신들 때문에 몇 번째 말을 그리고 있었는지 까먹 을 뻔했습니다!"

아이들은 입을 꾹 다물었어요. 그러고는 숨죽인 채 눈앞의 행렬을 지켜 봤지요. 하지만 세계는 조금 달랐어요. 행렬 대신에 낯선 사람이 그리던 그림을 몰래 훔쳐보았어요. 세계의 눈이 금세 휘둥그레졌지요. 그림이 놀라울 만큼 화려하고 묘사도 뛰어났거든요. 세계는 한국이를 툭툭 치며 물었어요.

"야, 나한국. 저 아저씨가 그린 그림이 뭔지 알겠냐?"

한국이가 바지에 묻은 흙을 툭툭 털며 말했어요.

"어휴, 그것도 모르냐? 관복을 입고 나라의 중요한 행사를 그린다면 척 하고 알아채야지. 저 그림이 실릴 곳은 딱 한군데야. 조선 왕조 의궤."

그러자 유진이가 끼어들며 말했어요.

"엥? 조선 왕조 의궤? 조선 왕조의 보물이 담긴 상자나 궤짝? 일본이 돌려주기 싫어했던 거 아니야?"

"으이구, 보물이 담긴 궤짝이 아니라 '의례의 절차, 본보기'라는 뜻의 '의궤'야. 조선 왕실에서 치른 행사들을 그림과 글로 꼼꼼히 기록해서 훗날 후손들이 비슷한 행사를 치를 때 의궤를 보고 참고할 수 있게 만든 거라고."

훗, 이 정도면 완벽해.

블랙이 아이들을 보며 말했어요.

"비록 임진왜란 때 조선 전기 때의 의궤가 다 타 버렸지만, 덕분에 임진왜란 후에 의궤 제작은 더 활발해졌단다. 인쇄술이 발달하고 나라 살림이 조금씩 나아진 덕분이지. 직접 보니 마치 사진으로 찍은 것 같지 않니?"

"네! 진짜 사진 같아요. 한자를 잘 모르는데 그림만 봐도 무슨 내용인지 바로 알 것 같아요."

세계가 대답하자 유진이도 그림에서 눈을 떼지 않은 채 물었어요.

"장례식 말고 또 어떤 행사들을 기록으로 남기는 거예요?"

그때 잠자코 그림을 그리던 화원이 뒤돌아보며 말했어요.

"임금님과 왕비의 결혼식, 임금님이 행차하실 때나 활쏘기 대회에 참가하셨을 때처럼 왕실의 주요 행사를 모두 그리고 기록하지. 하지만 이웃 나라인 중국이나 일본은 우리만큼 꼼꼼히 기록하지는 않는단다, 에헴!"

유진이가 고개를 끄덕이며 중얼거렸어요.

"그래서 일본이 가져가서 돌려주지 않으려고 했나?"

한국이가 이때다 하며 또다시 설명하기 시작했어요.

"그건 조선 왕조 의궤의 그림이 무척 아름답기 때문이야. 봐, 진짜 사진 같잖아. 사람들이 무얼 들었는지, 가마의 모양은 어떤지, 말은 몇 필인지, 또 사람은 몇 명이고 각자 어떤 옷차림과 장신구를 했는지 정말 자세하고 세밀하게 그려 놓았잖아. 이러니 다른 나라 사람들 눈에도 훌륭해

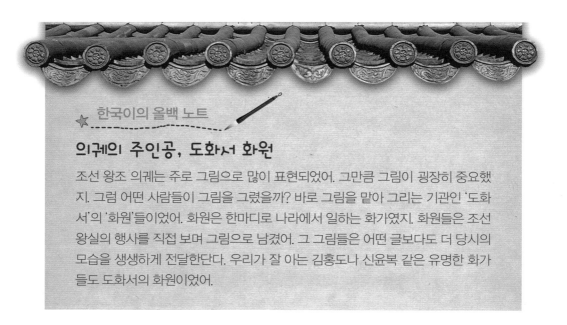

⭐ 한국이의 올백 노트

의궤의 주인공, 도화서 화원

조선 왕조 의궤는 주로 그림으로 많이 표현되었어. 그만큼 그림이 굉장히 중요했지. 그럼 어떤 사람들이 그림을 그렸을까? 바로 그림을 맡아 그리는 기관인 '도화서'의 '화원'들이었어. 화원은 한마디로 나라에서 일하는 화가였지. 화원들은 조선 왕실의 행사를 직접 보며 그림으로 남겼어. 그 그림들은 어떤 글보다도 더 당시의 모습을 생생하게 전달한단다. 우리가 잘 아는 김홍도나 신윤복 같은 유명한 화가들도 도화서의 화원이었어.

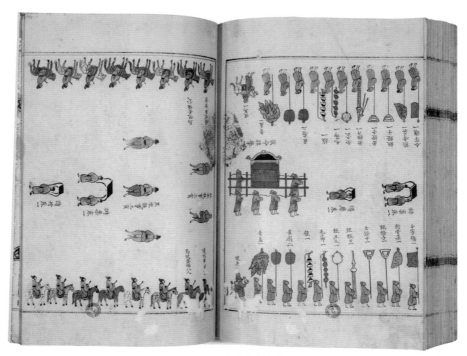

효장 세자 책례도감 의궤. 1725년 영조의 맏아들 효장 세자를
왕세자로 책봉한 과정을 기록하였다.

보이지 않았을까?"

　잠자코 있던 블랙이 고개를 끄덕였어요.

　"맞아. 그래서 조선 왕조 의궤의 수난이 시작되기도 했지. 1866년에는
프랑스 군이 강화도에 있는 외규장각에 보관된 의궤를 빼앗았고, 일제 강
점기 때 일본은 많은 의궤를 마음대로 가져갔단다. 다행히도 2011년 12
월, 우여곡절 끝에 대부분의 의궤를 돌려 받을 수 있었어. 90년만의 일이
었지. 나머지도 하루 빨리 되찾아 와야 할 텐데……."

블랙이 씁쓸한 표정을 지으며 말을 잇지 못하자 화원이 깜짝 놀라며 말했어요.

"아니, 그게 무슨 소립니까! 누가 이 의궤를 빼앗아 간단 말입니까! 의궤는 철저하게 잘 보관되고 있습니다. 승하하신 정조 대왕께서는 궁 안에 있는 규장각 말고도 강화도에 외규장각을 만들어 이 의궤들을 보관하게 하셨습니다. 말도 안 되는 소리 하지 마십시오!"

그러자 블랙이 몹시 당황하며 어쩔 줄 몰라 했어요. 얼굴도 홍당무처럼 새빨갛게 달아올랐지요. 블랙이 더듬거리며 말했어요.

"아니, 저, 저희의 말은 못 들은 걸로 해 주십시오. 그냥 그, 그럴 수도 있다는 거지요."

화원은 그 말에 더 흥분하며 소리쳤어요.

"안 되겠습니다. 이 그림만 완성하면 외규장각을 더욱 철저히 감시해야 한다고 상소를 올려야겠습니다. 그런데 당신들, 어디서 오신 뉘시오?"

블랙은 서둘러 아이들을 불러 모은 뒤 허둥지둥 숲 속으로 들어가며 말했어요.

"아이코, 큰일 날 뻔했구나. 내 입방정 때문에 하마터면 역사가 바뀔 뻔했어. 너희도 자나 깨나 입조심 하거라."

세계가 킬킬댔어요.

"킥킥, 블랙 아저씨랑 한국이만 조심하면 될 것 같은데요? 저랑 유진이는 아는 것도 별로 없는데요, 뭐."

"어휴, 자랑이다."

한국이가 피식 웃으며 말했어요.

블랙은 아이들을 재촉하며 주사위를 건네었어요. 어찌 된 일인지 한국이는 주사위를 던지고 싶어 하지 않는 것 같았어요. 할 수 없이 유진이가 주사위를 던졌고, 나온 숫자만큼 이동하자…… 다시 찬스 카드 기회였어요. 아이들은 두근거리는 마음으로 카드를 뒤집었어요.

타임 슬립!
딱 한 번 원하는 시간대로
이동할 수 있습니다.

"타임 슬립? 혹시 시, 시간 이동이요?"

유진이가 떨리는 목소리로 물어보자 블랙이 대답했어요.

"그렇단다. 이제 게임의 끝이 보이는구나. 내 생각이 맞는다면 다들 원하는 시간대가 같을 것 같은데?"

그러자 아이들이 동시에 소리쳤어요.

"우리가 살던 시간으로 돌아가고 싶어요!"

조선의 모든 것을 담은 기록들

잠시 후 아이들은 넓은 잔디 위에 서 있었어요. 주위를 둘러보던 한국이가 소리쳤어요.

"어? 여기는 서울대학교잖아요!"

세계가 조금은 실망스러운 목소리로 말했어요.

"에이, 장소를 정확히 말할걸……."

블랙은 싱긋 웃으며 아이들을 이끌었어요. 일행이 도착한 곳은 서울대학교 안에 있는 규장각이었어요. 블랙이 아이들을 보며 말했어요.

"빨리 들어오너라. 이 안에서 꼭 봐야 할 게 있단다. 실제 원본은 다른 곳에 있지만 뭐 시간이 없으니 어쩔 수 없지."

아이들은 블랙의 뒤를 쪼르르 따라갔어요. 규장각의 사서가 일행을 어떤 방으로 안내했지요. 방 안 탁자 위에는 굉장히 오래 되어 보이는 책들이 쌓여 있었어요. 세계와 유진이가 동시에 물었어요.

"와, 이게 다 뭐예요? 엄청 낡았다!"

블랙이 웃으며 말했어요.

"조선의 역사책이란다. 세계에서 가장 오랫동안 기록된 역사책이지."

"치, 역사책이야 원래 오래 오래 기록되는 거잖아요."

유진이가 실망했다는 듯 말하자, 블랙이 자세히 말했어요.

"이 책은 조금 달라. 무려 472년 동안 기록된 『조선왕조실록』이거든. 조선 왕조 때 일어났던 중요한 사건들이 모두 꼼꼼히 기록되어 있단다. 그 분량만 무려 2000권 가까이 되지."

유진이가 책을 요리조리 살펴보며 말했어요.

"어휴, 다 한자로 되어 있어서 무슨 내용인지 모르겠어요. 그리고 엄청 많은데 한곳에 다 보관할 수 있어요?"

그러자 블랙이 친절하게 설명해 주었어요.

"『조선왕조실록』에는 왕들이 어떻게 나라를 다스렸는지 자세히 쓰여 있단다. 국내뿐만 아니라 중국이나 일본, 멀리 떨어진 서양에 대해서도 알 수 있지. 그리고 실록들은 원래 궁 안에 '사고'라는 곳을 만들어 보관했지만, 임진왜란과 병자호란이 일어나 상당

수 불타 없어지고 말았단다. 그래서 그 후부터는 실록을 안전하게 지키기 위해 높은 산 위에 보관하기로 결정했어. 강화도의 정족산, 평창의 오대산, 봉화의 태백산, 무주의 적정산 이렇게 총 4개의 산에 나누어 보관했지. 하지만 그럼에도 『조선왕조실록』은 일제 강점기와 6·25 전쟁을 연달아 겪으며 많이 사라지고 말았어."

세계가 안타까운 목소리로 말했어요.

"역시 문화유산을 보존하는 건 쉬운 일이 아니네요. 그런데 말이에요. 만약 내가 왕이라면 나에 대해 어떤 이야기가 적혀 있는지 궁금할 것 같아요. 혹시 나에 대한 이상한 얘기가 있으면 확 혼내 주고 얼른 고쳐 쓰라고 했을 것 같아요, 히히."

블랙이 빙긋 웃으며 말했어요.

"『조선왕조실록』이 대단한 이유가 바로 거기에 있단다. 왕들이 함부로 내용을 보거나 고칠 수 없게 왕이 죽은 후에야 작성되었거든. 실록을 쓰는 사람을 '사관'이라고 불렀는데, 사관들은 무슨 일이 있어도 사실만을 써야 할 책임이 있었지. 그래서 그 가치를 인정받아 유네스코 세계 기록유산으로 지정된 거야."

유진이가 궁금한 듯 다시 물었어요.

"왕이 죽은 다음에야 쓸 수 있다면 왕과 관련된 많은 이야기들을 어떻게 다 기억해요? 혹시 사관은 아이큐가 200이 넘는 천재들만 할 수 있었

서울대학교 규장각 전시실에 보관된 조선왕조실록

어요?"

블랙이 크게 웃으며 대답했어요.

"하하하, 물론 아니지. 실록을 작성하는 데 참고한 책들이 있단다. 바로 '사초'라고 하지. 사초는 왕의 모든 행동들을 왕 주변에서 기록한 책이야. 모든 것을 기록했으니 그 분량도 엄청났겠지? 이 사초를 중심으로『승정원일기』나『일성록』등도 쓰였단다. 이 두 가지 책 역시 세계 기록 유산에 선정되었지."

아이들은 모두 깜짝 놀랐어요. 블랙은 얼른 그 책들을 가져와 앞에 펼쳐 놓고 보여 주었어요. 아이들은 기록들을 찬찬히 넘기며 살펴보았지요. 유진이가 먼저 말했어요.

"블랙 아저씨, 승정원의 '일기'라면 제가 쓰는 일기처럼 매일매일 하루에 있었던 일을 쓴 거예요?"

"그렇단다. 단, 『승정원일기』는 하루에 한 장만 쓰는 게 아니었어. 승정원이라는 곳에서 조선 시대의 일을 288년 동안이나 기록하여 무려 3243권이나 되었지. 승정원은 왕이 내리는 어명을 여러 기관에 전달하고, 신하와 백성들의 의견을 왕에게 보고하는 기관이었어. 나라에 일어났던 주요 사건들을 알아보기 쉽게 정리했고, 다른 기록물에서는 발견되지 않는 외교 문서나 신하들의 상소 내용까지 담겨 있지. 특히 조선 후기의 역사를 상세히 기록했고, 서양이 아시아에 관심을 보이던 18세기부터 20세기 초까지의 정치 및 외교 상황까지 자세히 기록되어 있단다."

한국이가 고개를 갸우뚱거리며 되물었어요.

"어? 『조선왕조실록』도 나라에서 일어났던 일을 빠짐없이 기록한 거라고 하셨잖아요. 왜 굳이 두 가지를 따로 만든 거예요?"

그러자 블랙이 대답했어요.

『일성록』은 규장각에서 일하는 관리인 '각신'들이 기록한 책으로 왕이 나랏일 운영을 반성하고 되돌아 보기 위해 만들었다.

『승정원일기』는 총 3243책으로
구성되어 있다.

"음, 두 기록물은 조금 다르단다. 『조선
왕조실록』은 '사관'이라는 관리의 눈을 통
해 기록한 책이란다. 하지만 『승정원일
기』는 왕과 신하들의 대화를 그대로 기록
했고, 『조선왕조실록』과는 달리 필요하다
면 왕이나 신하들도 볼 수 있었지. 게다가
날씨까지 적혀 있어서 옛날의 날씨가 어
떠했는지도 알 수 있단다."

한동안 잠자코 있던 세계가 문득 깨달았다는 듯 말했어요.

"우리나라 역사가 유네스코가 인정할 정도로 이렇게 중요한 줄은 몰랐
어요. 블랙 아저씨, 저 결심했어요. 저는 나중에 역사를 공부하는 사람이
될 거예요. 아직 알려지지 않은 조선의 역사에 대해 더 많이 연구해서 우
리나라를 전 세계에 알리는 데 앞장서고 싶어요."

그러자 유진이도 지지 않고 활기차게 말했어요.

"저도 결심했어요. 저는 아직 발견되지 않은 우리나라의 유물이나 유적
들을 찾아서 발굴하는 사람이 될 거예요. 이런 문화유산들이 후손들에게
얼마나 큰 힘이 되고, 자부심을 느끼게 해 주는지 알게 되었거든요. 『조선
왕조실록』이나 『승정원일기』 등을 좀 더 자세히 연구해 보면 아직 발견되
지 않은 유물과 유적들을 더 많이 찾게 될지도 몰라요!"

블랙이 감격한 듯한 목소리로 말했어요.

"너희가 그렇게 결심한 걸 보니, 이제 마지막 관문을 통과할 준비가 된 것 같구나. 처음에는 걱정스러웠지만 이제는 너희를 믿는단다. 자, 다음 단계로 가 볼까?"

유진이와 세계는 조금씩 마음이 떨리기 시작했어요. 하지만 무섭지는 않았지요. 새로운 꿈이 생겼거든요. 하지만 한국이는 달랐어요. 다른 아

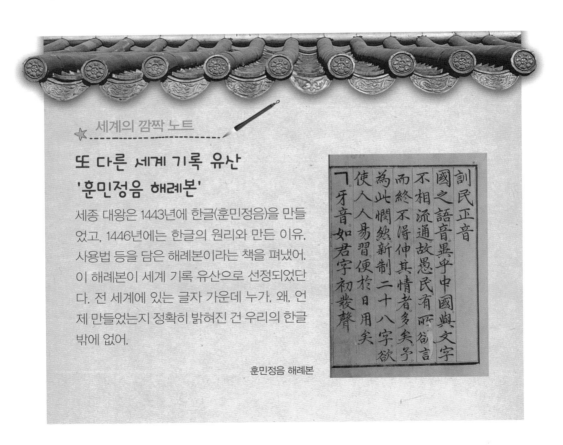

☆ 세계의 깜짝 노트

또 다른 세계 기록 유산 '훈민정음 해례본'

세종 대왕은 1443년에 한글(훈민정음)을 만들었고, 1446년에는 한글의 원리와 만든 이유, 사용법 등을 담은 해례본이라는 책을 펴냈어. 이 해례본이 세계 기록 유산으로 선정되었단다. 전 세계에 있는 글자 가운데 누가, 왜, 언제 만들었는지 정확히 밝혀진 건 우리의 한글밖에 없어.

훈민정음 해례본

이들보다 똑똑하다고 생각했는데 자꾸만 자신감이 사라져 갔어요. 겉으로는 안 그런 척했지만 혼자만 뒤처지는 것 같아서 걱정이 되었지요. 하지만 다른 사람들은 한국이의 생각을 모르는지 저마다 씩씩하게 보드 판을 향해 발을 내딛었어요. 그러고는 빛에 휩싸여 사라졌지요.

문화재를 어디까지 사람들에게 개방해야 할까?

2008년 2월 10일 숭례문에서 불길이 치솟아 올랐다. 불은 몇 시간이나 계속되었고 대부분이 불에 타 무너져 내렸다. 화재의 원인은 바로 어떤 사람이 일부러 불을 지른 것이었다. 나중에 범인은 잡혀서 벌을 받았지만, 숭례문의 주요 부분들이 모두 불에 타 원래 모습대로 복원하는 일은 쉽지 않았다. 설계도는 남아 있었지만 짓는 데 사용되었던 나무의 종류와 나이, 상태 등을 조사하는 데만도 시간이 오래 걸리는 일이었다. 또한 사실상 복원에 필요한 나무를 찾는 것도 쉽지 않았고, 나무를 찾는다 하더라도 건조시키는 데만 보통 3년이 넘게 걸리기 때문이었다. 하지만 다행히도 숭례문은 5년 3개월을 거친 복구 작업이 완료되어 2013년 5월에 국민의 품으로 돌아왔다.

이 사건 이후 과연 문화재를 완전히 개방하는 일이 옳은 것인지를 두고 많은 논란이 일었다. 숭례문뿐만 아니라 최근 몇 년간 개방되었던 문화재들이 훼손을 입는 경우가 늘고 있기 때문이다. 우리나라는 몇 년 전부터 수십 년 간 감춰져 있던 문화재들을 하나둘씩 개방하고 있다. 경복궁 내 경회루와 창덕궁의 후원 등도 최근에서야 사람들이 볼 수 있었다.

하지만 개방과 함께 그 부작용 또한 생기고 있다. 첫째, 숭례문과 수원 화성의 경우처럼 크고 작은 화재들이 연이어 일어나고 있다. 둘째, 일부 관람객들이 문화재에 함부로 낙서를 하거나 심지어 문화재 바로 옆에서 음식을 만들기도 하고, 쓰레기를 내다 버리는 일도 종종 일어난다. 특히 건축물의 경우 대부분 나무로 지어졌기 때문에 습기와 불을 무엇보다 조심해야 하는데도 적당한 관리가 제대로 이루어지지 않고 있다. 문화재는 우리 모두의 것이기 때문에 되도록 많은 사람들이 함께 즐기고 볼 수 있게 하는 것이 당연하다. 하지만 완전히 개방할 경우 여러 가지 문제점도 함께 생기기 때문에 무작정 개방을 할 것이 아니라 개방 후에 어떻게 관리할 것인지가 더 중요하다. 요즘 정부에서는 관련 법을 만들어 문화재를 보호하기 위해 노력한다. 또한 모두 개방하지 않고 부분적으로 관람을 금지하는 방법도 함께 사용한다. 부작용이 있다고 해서 문화재를 아예 못 보게 할 수는 없다. 문화재 개방은 세계적인 추세이기도 하고, 시간이 지날수록 많은 사람들이 문화재를 직접 보고 느낄 수 있기를 원하기 때문이다. 하지만 그 전에 먼저 관람객들의 책임 의식과 문화재를 소중히 여길 줄 아는 마음가짐이 반드시 필요하다. 여기에 알맞은 법과 체계적인 관리가 함께 이루어진다면 아름다운 우리의 문화재를 마음껏 사랑하고 느낄 수 있을 것이다.

화재로 무너져 버린 국보 제1호 숭례문

우리나라 유네스코 세계 무형 유산

우리나라에도 전 세계가 인정하는 아름다운 무형 문화재가 많아요. 어떤 문화재가 우수성을 인정받아 유네스코 세계 무형 유산으로 지정되었는지 한번 알아봐요.

판소리

판소리는 전라도를 중심으로 발달했어요. 북을 치는 고수의 장단에 맞춰 소리꾼이 부르는 소리를 말해요. 우리나라 민족의 정서와 삶의 모습, 희망을 잘 드러내었고 관리와 백성 등 모든 계층이 함께 즐길 수 있었지요. 그 독창성과 우수성을 인정받아 유네스코 세계 무형 유산으로 등록되었어요.

강릉 단오제

강릉 단오제는 오랜 역사를 자랑해요. 강원도 강릉 지역에서 풍년을 기원하기 위해 시작되었어요. 성별이나 계급의 구분 없이 모든 사람들이 함께 즐기고 어울렸던 축제였지요. 굿이나 가면극 등이 열렸고, 창포로 머리를 감는 행사도 있었어요. 그네를 뛰거나 씨름 대회를 한 뒤에 수리취떡을 만들어 나누어 먹었답니다.

영산재

부처가 영취산에서 설법을 하는 모습을 재현한 의식이에요. 사람이 죽은 뒤 49일이 지난 후, 죽은 사람의 영혼이 좋은 세상으로 가도록 기원하는 의식이기도 하지요. 영산재를 지낼 때에는 범패나 화청 같은 다양한 불교 음악과 바라춤, 나비춤, 법고춤들을 함께 선보여요. 이러한 음악과 춤들은 장엄하고 웅장할 뿐만 아니라 신성한 아름다움까지 지니고 있어서 훗날 우리나라의 민속 음악과 춤에 큰 영향을 주었어요.

남사당놀이

강강술래가 주로 여자들이 하는 놀이였다면 남사당놀이는
남자들의 놀이였어요. 여러 마을을 돌며 풍물놀이, 재주넘기,
그릇이나 접시를 막대기로 돌리는 묘기, 줄타기, 탈놀음,
꼭두각시놀음 등을 선보였지요. 남사당놀이를 하는 사람들은
주로 하층민이었고, 공연을 보고 즐기는 사람들도 신분이
낮은 사람들이 많았어요. 백성들은 이러한 놀이를 통해
힘들고 지치거나 슬픈 마음을 달랠 수 있었대요.

가곡

조선 시대 양반들이 즐기던 우리나라의 전통 음악이에요.
시조에 곡을 붙여 부르는 것으로, '삭대엽' 또는
'노래'라고도 해요. 맑고 깨끗한 음색, 조직적이고 짜임새
있는 연주, 운치고상하고 우아한 멋있는 가락가 특징이지요.

대목장

절이나 궁궐, 가옥 같은 나무로 된 집을 설계하고 짓는
일을 책임지고 맡아 하는 사람을 말해요. 많은 일꾼들을
통제하고 지휘할 뿐만 아니라 건축 기술 또한 매우 잘
알고 있어야 했지요. 특히 우리나라 건축은 자연과 조화를
이루는 것을 중요하게 여겼기 때문에 대목장의 역할이 몹시
중요했답니다. 그래서 대목장들은 높은 벼슬에도 오를 수
있었어요.

제주 칠머리당 영등굿

제주 바람의 신인 '영등 할미'와 바다의
신을 위해 제주 칠머리당에서 음력 두 번째
달에 치러지는 굿이에요. 굿을 통해 풍요와
자연에 대한 존경과 경외심, 바다에서의
안전을 함께 기원했지요. 섬에서 이루어지는
만큼 제주도만의 독특한 자연관과 신앙심,
정체성을 담고 있는 문화재예요.

매사냥

우리 조상들은 매를 훈련시켜 꿩이나 새
등을 잡는 일에 이용했어요. 그 역사는 무려
4000년이 넘는답니다. 일반적으로 매는
야생성이 강해서 길들이기가 무척 어려운
동물이에요. 이런 매를 길들이기 위해서는
주인과의 결속력이 중요했고, 시간이
지나면서 길들이는 방식도 점점 발전했지요.
그러나 총기류가 발달하면서 매사냥이 사라질
위기에 놓이자 유네스코에서는 우리나라를
포함한 11개 나라들의 매사냥 전통을 세계
무형 유산으로 지정하였어요.

강강술래

옛날 임진왜란 때 이순신 장군은 우리 군사들의 수를 많아 보이게 하기 위해 여자들이
손을 잡고 빙글빙글 돌게 했대요. 이 계략이 훗날 우리의 전통 놀이로 이어졌답니다.
놀이를 하면서 부르는 노래의 후렴구가 '강강술래'였는데 그 가사를 따 이름을 붙였대요.
강강술래는 우리 농경 문화의 특색을 보여 줄 뿐만 아니라 가락과 리듬, 동작들이
쉬워서 마을 사람들의 협동심을 돋우는 데 기여했어요. 그 점을 높게 인정받아 유네스코
세계 무형 유산으로 지정되었지요.

줄타기

공중에 매달아 놓은 줄 위에서 재주를 부리는 놀이예요.
주로 단오나 추석 등 명절에 볼 수 있지요. 단순히 줄을 타는
것뿐만 아니라 줄 위에서 노래나 춤, 익살스러운 재담까지
함께 선보였어요. 줄을 타는 사람과 구경하는 사람들이 함께
어우러져 즐기는 우리만의 특색 있는 전통문화랍니다.

한산 모시 짜기

모시는 옛날부터 대표적인 여름
옷감이에요. 특히 한산 모시는 품질이
좋고, 빛깔이나 섬세함, 단아함 등에서
뛰어나답니다. 이러한 모시를 만들어
내기 위해서는 모시풀의 수확부터
모시 제작까지 복잡한 과정을 거쳐야
하고 시간도 무척 오래 걸려요. 뿐만
아니라 한 올 한 올 정성스럽게 짜
나가야 하기 때문에 많은 인내심이
필요하지요. 한산 모시 짜기는
우리나라의 전통적인 아름다움을 잘
보여 줄 뿐만 아니라, 한국 여인들의
높은 손재주를 인정받아 세계 무형
유산으로 지정되었어요.

택견

우리나라의 전통 무술 가운데 하나예요.
자유롭고 유연한 동작이 특징이지요.
택견은 상대방을 제압하고 이기는
것에만 목적이 있는 것이 아니라,
사람의 정신을 단련하고 수양하는
데 중점을 두어요. 단순한 공격용이
아니라 사람을 위하는 무술이지요.

바르게 선을 이어 봐요

조선 시대에는 세계적으로 가치를 인정받은 기록물들이 많이 만들어졌어요. 어떤 기록물들이 있는지, 또 누가 기록했고 어떤 내용을 담고 있는지 알맞게 연결해 보세요.

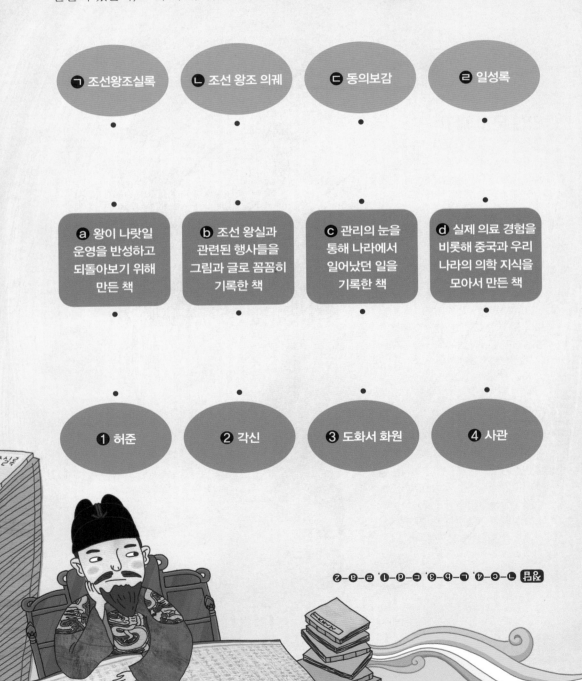

ㄱ 조선왕조실록
ㄴ 조선 왕조 의궤
ㄷ 동의보감
ㄹ 일성록

ⓐ 왕이 나랏일 운영을 반성하고 되돌아보기 위해 만든 책
ⓑ 조선 왕실과 관련된 행사들을 그림과 글로 꼼꼼히 기록한 책
ⓒ 관리의 눈을 통해 나라에서 일어났던 일을 기록한 책
ⓓ 실제 의료 경험을 비롯해 중국과 우리나라의 의학 지식을 모아서 만든 책

❶ 허준
❷ 각신
❸ 도화서 화원
❹ 사관

정답 ㄱ-ⓒ-❹, ㄴ-ⓑ-❸, ㄷ-ⓓ-❶, ㄹ-ⓐ-❷

5장

우리 나라의
소중한 세계 유산

한국의 역사와 전통이 지금도 그대로!

　아이들이 도착한 곳의 풍경은 지금까지의 세계 유산들과는 조금 달라 보였어요. 그저 평범한 옛날 마을 같았지요. 민속촌에 온 것 같기도 했어요. 마을 가까이에는 강이 흐르고, 한옥과 초가집들은 줄지어서 있었어요. 한국이가 약간 실망한 목소리로 말했어요.

　"에계? 여기에 정말 세계 유산이 있어요? 말도 안 돼. 너무 평범하잖아요. 커다란 성은커녕 눈에 띄는 건축물도 없는 것 같은데요?"

블랙이 무언가 대답하려 할 때 바로 앞에 있는 한옥의 문이 삐그덕 하고 열렸어요. 그리고 한복을 입은 아주머니 한 분이 나오며 물었지요.

　"거기 뉘십니까? 왜 남의 집 앞에서 소란스레……."

　아이들은 침을 꿀꺽 삼켰어요. 아주머니의 옷을 보니 이곳은 또다시 조선 시대인 게 분명했거든요. 세계가 더듬더듬 대답했어요.

　"그게, 저희는…… 배가…… 고파서요. 여기가 어디인지도 잘 모르겠고요."

　"쯧쯧, 그랬구나. 어쩐지 옷이 허름하다 했다. 여기는 경상도의 안동 하회 마을이란다. 모두 들어오너라. 마침 대감마님께서 출타 중이시니 편안히 쉬다 가도 좋을 듯하구나."

　그때 한국이가 작은 목소리로

속삭이며 말했어요.

'아하, 이곳이라면 유네스코 세계 문화유산이 될 자격이 충분하지! 안동 하회 마을은 조선 중기인 1600년대부터 풍산 류 씨들이 모여 집과 서원 등을 짓고 살던 곳이야. 이런 마을을 집성촌이라고 하는데 지금까지 옛날 모습을 잘 간직하고 있대.'

블랙과 아이들은 아주머니를 따라 집 안으로 들어갔어요. 문 앞에는 '충효당'이라는 현판글자나 그림을 새겨 문 위나 벽에 다는 것이 떡 하니 걸려 있었지요.

하회 마을에는 양반들이 살던 집 이외에도 일반 사람들의 집도 많이 볼 수 있다.
다양한 모습의 초가집은 옛날 조선 시대 백성들이 어떻게 살았는지 잘 보여 준다.

▲양진당은 하회 마을을 대표한다고 해도 과언이 아니다. 풍산 류 씨의 종가(족보로 보아 맏이로만 이어 온 큰 집)로, 보물 306호로도 지정되었다. 이 집을 보면 조선 시대 양반들이 어떤 곳에 살았는지 잘 알 수 있다.

◀조선 시대에 재상을 지냈던 류성룡의 집. 류성룡의 문하생과 후손들이 세운 건물이다. 이곳에는 류성룡에 대한 자료들을 많이 살펴 볼 수 있는 '영모각'이라는 건축물도 있다.

　집안 곳곳에 구수한 냄새가 나는 걸 보니 식사 준비가 한창인 것 같았어요. 잠시 후 아주머니가 밥상을 들고 오며 말했어요.

　"차린 것 없지만 많이 먹거라. 대체 어디서 온 건지 원."

　아이들은 숟가락을 들어 게걸스레 밥을 먹기 시작했어요. 블랙도 쭈뼛쭈뼛 숟가락을 들었지요. 한국이가 맛있게 밥을 먹으며 물었어요.

　"그런데 아주머니, 이 집은 누구네 집이에요?"

　"여긴 풍산 류 씨 가문의 자랑 류성룡 재상님의 종택종가가 대대로 사용하는 집이란다."

낙동강 강줄기가 에스(S)자로 하회 마을을 감싸고 있다.

순간 한국이의 눈이 휘둥그레졌어요.

"우와, 류성룡 재상님이요? 그 유명한 이순신 장군과 권율 장군을 등용인재를 뽑아 씀하신 그 분이요?"

아주머니가 깜짝 놀라며 말했어요.

"아니, 네가 그걸 어떻게 아니? 흠, 대단하구나. 맞아. 류성룡 재상님은 우리 풍산 류 씨 가문의 자랑이시지. 이건 다 조상님이 집터를 잘 쓰신 덕분이란다. 하회 마을의 터가 좋다는 건 『택리지』라는 지리서에도 잘 나와 있단다."

이번에는 유진이가 물었어요.

"그런데요, 이 마을에 다른 성을 가진 사람들은 안 살아요?"

아주머니가 앞치마에 손을 닦으며 친절하게 설명해 주었어요.

"아니란다. 허 씨와 안 씨 가문 사람들도 살고 있단다. 이렇게 다른 성씨를 가진 두세 가문이 모여 사는 걸 '씨족 마을'이라고 부르지. 내 친구가 경주의 양동 마을에 사는데 그곳도 마찬가지란다. 경주 손 씨, 여강 이 씨 가문이 함께 산다지 아마. 양동 마을도 무척 아름답다고 하더구나."

☆ 유진이의 검색 노트

또 다른 세계 문화유산 경주 양동 마을

안동 하회 마을과 함께 유네스코 세계 문화유산으로 지정된 경주 양동 마을에 대해 한번 알아볼까?

서백당 경주(월성) 손 씨의 종가야. 1454년에 지어졌는데 지금까지도 상당히 잘 보존되어 있어. 한옥의 모습을 잘 보여 주는 건축물이야.

무첨당 여강 이 씨의 종가로, 특히 별채가 아름답다고 해. 보물 411호로도 지정되었어.

향단 1543년에 지어진 건축물로, 보물 412호야. 양동 마을에서 가장 큰 저택으로, 옛날에는 99칸이나 되었지만 지금은 56칸만 남아 있다고 해.

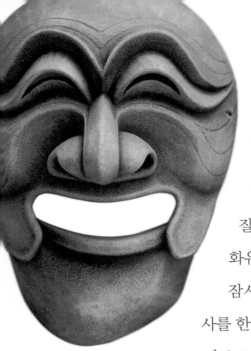

하회 마을을 대표하는
하회탈(국보 제121호)

블랙이 밥을 먹다 말고 덧붙여 설명했어요.

"이 두 마을은 집들이 아름다울 뿐만 아니라, 지금까지도 전통을 잘 유지하면서 마을을 잘 지켜 왔기 때문에 그 가치를 인정받아 세계 문화유산으로 지정되었단다."

잠시 후 블랙과 아이들은 아주머니에게 감사의 인사를 한 뒤 집을 나섰어요. 마을을 조금 더 여유롭게 둘러보고 싶었거든요. 아이들은 한옥의 아름다움과 물소리, 새소리에 흠뻑 빠져들었어요. 그 모습을 보고 블랙은 싱긋 웃었지요.

"그래, 마을까지 둘러 본 소감이 어떠니?"

한국이가 곰곰이 생각한 후 말했어요.

"우리 조상들이 얼마나 훌륭한 문화유산들을 만들어 냈는지, 또 얼마나 잘 보존하려 노력했는지 알 것 같아요. 문화유산은 만드는 것도 중요하지만, 그것을 보존하고 지켜내는 게 더 소중하다는 것도요. 특히 이 안동 하회 마을을 보면서 많이 느꼈어요. 눈으로 보이는 건축물만 가치 있는 게 아니라, 그것을 보호하고 보존하는 사람들의 정신과 문화, 태도 역시 중요한 것 같아요."

유진이와 세계도 고개를 끄덕였어요. 블랙도 박수를 치며 기특하다는 듯 말했어요.

"맞아! 내가 너희에게 알려 주고 싶었던 게 바로 그것이란다. 문화유산은 단순히 멋있고 오래된 것만 중요한 게 아니거든. 거기에 어떤 생각과 정신이 담겨 있는지를 알아야 한단다. 후유, 드디어 마지막 주사위를 던질 시간이 왔구나. 누가 해 보겠니?"

아이들은 서로 멀뚱멀뚱 얼굴만 쳐다보았어요. 바로 그때 세계가 씩씩하게 말했어요.

"야, 나한국. 그냥 네가 던져. 혼자 하는 여행도 거뜬히 해냈으니 자격이 충분해. 이번만 내가 특별히 양보한다, 하하하!"

유진이도 방긋 웃으며 고개를 끄덕였어요. 한국이가 씩 웃으며 한마디 했지요.

"좋아! 역시 주인공은 마지막을 결정하는 법! 나만 믿으라고!"

말은 그렇게 했어도 한국이는 조금 긴장한 듯 손을 떨었어요. 하지만 곧 용기를 내어 힘차게 주사위를 던졌지요. 잠시 후 보드 판에서 빛이 새어 나오기 시작했어요. 아이들은 꿀꺽 침을 삼킨 뒤, 결심한 듯 발을 내딛었어요. 아이들은 보드 판의 마지막 칸으로 이동하며 서로의 손을 꼬옥 잡았어요. 블랙이 낸 문제를 맞히지 못하면 큰 벌을 받게 될지도 몰라요. 하지만 더는 두렵지 않았답니다. 바로 그 순간 일행은 모두 빛 속으로 사라졌어요.

가자, 제주도로! 정답을 찾아서!

눈앞이 번쩍했을 뿐인데 어느새 넓은 자연이 펼쳐져 있었어요. 사방이 온통 바다로 둘러싸인 곳이었지요. 세계가 우물쭈물하며 물었어요.

"저기, 블랙 아저씨…… 여기는 섬이잖아요."

"우리 돌아가는 거 아니었어요?"

유진이가 불안한 듯 물어보자 블랙이 아무 말 없이 한곳을 가리켰어요. 그곳에는 머리부터 발끝까지 온통 까만 사람들이 한 무리 서 있었어요. 마치 블랙과 쌍둥이들 같았지요. 그 한가운데에는 처음 만났던 특공대의 장관님도 있었어요. 아이들은 떨리는 마음을 다잡고 한 걸음 한 걸음 다가갔어요. 섬 주변은 온통 나무들이 가득했답니다. 생전 처음 보는 식물들도 여기저기 눈에 띄었고, 구멍이 뻥뻥 뚫린 바위들도 보였어요. 한국이가 세계에게 속삭였어요.

"나 어딘지 알 것 같아. 여기는 제주도야. 저 멀리 보이는 산이 성산 일출봉이고."

"제주도?"

세계가 큰 소리로 외쳤어요. 그 말에 유진이도 고개를 돌렸어요.

성산 일출봉

"제주도? 웬 뜬금없이 제주도?"

한국이가 작게 설명하기 시작했어요.

"제주도에는 우리나라의 첫 번째 세계 자연 유산이 있어. 세계자연유산이란 아름다운 자연과 동식물을 보호하기 위해서 지정하는 거야."

유진이가 다시 물었어요.

"그럼 제주도 섬 자체가 세계 자연 유산이야?"

그러자 한국이가 기억을 더듬으며 말했어요.

"어, 그건 아닌 것 같아. 한라산, 성산 일출봉, 화산의 용암으로 만들어진 동굴. 이렇게 세 곳이 지정되었을걸?"

유진이는 한국이가 친절하게 설명해 주자 기분이 좋아졌어요. 사실 처음에 한국이는 아이들을 무시하기도 했고, 솔직히 잘난 척도 조금 했거든요. 함께 여행하는 동안 다투기도 했지만 지금은 가장 친한 친구들이 된 걸 느낄 수 있었어요.

아이들은 떨리는 발걸음으로 조심스럽게 장관 앞에 멈춰 섰어요. 장관

◀한라산 백록담
▼만장굴

은 스윽 뒤돌아보며 무표정한 얼굴로 아이들을 힐끗 쳐다보았어요. 블랙은 아이들에게 용기를 불어넣어 주기라도 하는 듯 등을 다독여 주었지요. 장관이 근엄한 목소리로 물었어요.

"자, 이제 문제의 답을 알았느냐? 과거, 현재, 미래를 이어 주는 게 무엇이지?"

아이들은 정답을 알 것도 같았지만 아직은 입 안에서 맴돌 뿐이었어요. 그런 아이들의 모습에 장관은 약간 화가 난 듯한 목소리로 말했어요.

"블랙, 이 아이들이 자신들의 나라, 한국의 세계 유산들을 잘 살필 수

자연의 보고, 제주도!

제주도는 우리나라에서 유일하게 세계 자연 유산으로 선정된 곳이야. 제주도 내에서 모두 세 곳이 선정되었지. 제주도를 대표하는 한라산은 남한에서 가장 높은 산으로, 다양하고 희귀한 동식물들이 살아서 '생태계의 보고'라고도 불려. 또한 거문 오름에서 나온 용암으로 만들어진 동굴들도 선정되었는데, 대표적으로 만장굴과 김녕굴 등이 있단다. 성산 일출봉 역시 화산이 폭발하면서 만들어졌는데, 특히 해가 떠오를 때의 모습이 무척 신비하고 아름답지.

있도록 이끈 게 분명한가?"

블랙이 힘찬 목소리로 대답했어요.

"네, 장관님. 그렇습니다. 아이들이 아주 영특해서 하나를 말해 주면 열 가지를 스스로 깨우쳤습니다. 그 모습에 저도 놀랐습니다."

그러자 장관은 의아한 듯 물었어요.

"그런데 왜 답을 말하지 않지?"

아이들은 우물쭈물대며 당황하기 시작했어요. 그때 세계가 큰 소리로 말했어요.

"장관님, 힌트 하나만 주세요!"

그러자 장관이 퉁명스럽게 말했어요.

"예끼, 이 녀석! 척 하면 답을 말해야지!"

그러자 이번에는 한국이가 말했어요.

"이제 저희는 뭘 잘못했는지도 알고, 우리나라의 세계 유산에 대해서도 그 누구보다 많이 알게 되었어요. 그리고 무엇보다 좋은 건 문화유산 지킴이가 되겠다는 새 꿈이 생기고, 최고의 친구들도 만났다는 거예요. 그러니까 꼭 함께 돌아가고 싶어요. 블랙 아저씨도 실망시켜 드리고 싶지 않고요. 우리에게 한 번만 더 기회를 주세요!"

세계는 한국이의 말에 깜짝 놀랐지만 기분은 무척 좋았어요. 아이들은 어느 새 둘도 없는 친구가 되어 있었거든요. 블랙은 울 듯 말 듯한 표정을 짓고 있었지요. 하지만 그때 유진이는 한쪽에 멍하게 서 있었어요. 세계가 그런 유진이를 보더니 말을 건넸어요.

"유진아, 너 왜 그래? 한국이의 말이 그렇게 감동적이었어? 히히히."

유진이는 작지만 힘차게 속삭였어요.

"나, 정답이 뭔지 알 것 같아."

세계와 한국이는 눈이 휘둥그레져 소리쳤어요.

"뭐? 정말?"

유진이는 아이들을 불러 모으며 조심스레 말했어요.

"아까 블랙 아저씨도 설명해 주셨잖아. 문화유산 자체도 훌륭하지만 그 속에 담긴 생각과 정신도 중요하다고. 그런데 그 생각과 정신을 잇게 만드는 건 바로 우리잖아. 우리 조상들로부터 내려온 것들을 지금 우리가 잘 보존해서 다시 우리의 후손들한테 물려주는 것 말이야!"

그러자 한국이도 이마를 탁 치며 말했어요.

"그렇구나! 왜 그걸 몰랐지?"

세계가 허둥대며 물었어요.

"뭐야, 뭐야! 나한테도 알려 줘!"

유진이가 싱긋 웃으며 세계에게 귓속말을 했어요. 그러자 세계의 얼굴에 환한 미소가 퍼졌지요. 아이들은 서로 손을 꼭 잡고 당당히 앞으로 나서며 함께 외쳤어요.

"정답은 바로 우리, 사람들이에요!"

여기저기서 감탄사가 쏟아져 나왔어요. 블랙은 손수건을 꺼내 눈물을 훔치고 있었지요. 그러고는 긴 팔을 휘둘러 아이들을 모두 꼬옥 안아 주었어요.

"드디어 정답을 맞혔구나! 사실 처음 너희를 만났을 때는 과연 답을 알아낼 수 있을지 의심스러웠단다. 하지만 지금은 아주 장하구나, 정말 기특해!"

블랙은 처음으로 다정하게 말했어요. 블랙이 이렇게 환하게 웃을 줄도 알다니 놀랍기도 했지요. 장관도 껄껄껄 웃으며 말했어요.

"답을 찾느라 고생 많았구나. 다짜고짜 시작된 보드 게임 때문에 이리

저리 왔다 갔다 하느라 많이 피곤했지? 이제 집에 가도 좋단다. 단, 앞으로 문화재나 문화유산들을 훼손하거나 함부로 대하면 안 된단다. 알았지?"

아이들은 누가 먼저랄 것도 없이 힘차게 대답했어요.

"네! 저희는 이제 문화유산 지킴이예요!"

잠시 후 아이들이 도착한 곳은 바로 경주 박물관 앞이었어요. 저마다 조금씩 잘못을 했던 바로 그곳이었지요. 옆에 서 있던 블랙이 아이들을 안아 주며 마지막으로 말했어요.

"얘들아, 지금까지 고생 많았단다. 우리가 지금은 헤어지지만 아저씨는

항상 너희를 지켜보고 있을 거야. 너희가 좀 더 자라면 또 함께 보드 게임 여행을 떠나자꾸나. 그때는 너희가 아저씨를 이끌어 주렴. 기대해도 되겠지?"

"아저씨!"

아이들은 블랙의 품에 안겨 참았던 눈물을 터뜨렸어요. 하지만 모두 알고 있을 거예요. 지금 헤어진다고 해서 영영 헤어지는 게 아니라는 걸요. 최선을 다해서 매일매일 열심히 노력하고, 꿈을 향해 앞으로 나간다면 언젠가 반드시 또 만날 수 있을 테니까요.

문화재를 관람하는 올바른 방법은 무엇일까요?

우리나라에는 세계 유산으로 지정된 것 말고도 문화재들이 아주 많아요. 우리는 언제든지 문화재들을 찾아 감상할 수 있지요. 하지만 일부 사람들은 문화재가 있는 곳에 쓰레기를 버리거나 해서는 안 될 행동을 하기도 해요. 그럼 우리의 문화재는 훼손될 뿐만 아니라 점점 가치를 잃어버리게 돼요. 문화재를 관람하는 올바른 방법은 무엇일까요? 또 어떤 마음가짐을 가져야 하는지도 알아봐요.

나는 봐도 잘 몰라~ 멍멍!

❶ '촬영 금지'라고 적힌 곳에서는 사진을 찍지 말아야 해요. 만약 촬영이 가능하다고 해도 플래시는 터트리지 않는 것이 좋답니다. 왜냐하면 사진기에서 나오는 빛이 작품을 망가뜨릴 수 있거든요. 특히 그림에 좋지 않은 영향을 끼친답니다. 뿐만 아니라 다른 사람의 관람을 방해할 수도 있으니 꼭 조심해야 해요.

❷ 음식물을 먹으면서 관람하거나 애완동물을 데리고 들어갈 수 없어요. 음식물을 들고 있다가 문화재에 흘리거나 쏟을 수 있고, 애완동물의 배설물 때문에 더러워질 수도 있거든요.

❸ 나무로 만든 건물을 방문할 때에는 특히 화재에 조심해야 해요. 불을 낼 수 있는 물건이나 전기 제품 등을 가져가지 않아야 해요.

❹ '출입 금지'라고 적힌 곳에는 들어가지 않아야 해요. 그리고 문화재를 함부로 만지거나 낙서를 해서도 안 돼요. 나 하나쯤이라는 생각으로 수천, 수만 명의 사람들이 똑같은 행동을 했다고 생각해 보세요. 우리 문화재가 망가지는 건 시간문제일 거예요.

❺ 강릉 단오제, 줄타기, 강강술래처럼 주로 외부에서 볼 수 있는 행사라면 특별히 조심해야 할 것은 없어요. 다만, 꾸준히 관심을 보이고 모두 함께 즐길 수 있는 여유로운 마음이 필요하답니다. 계절에 맞는 민속놀이를 찾아 친구들과 함께 즐겨 보고, 전통문화 공연이나 전시를 적극적으로 관람해 보는 건 어떨까요? 우리의 전통 악기나 민요를 배워 보는 것도 좋은 방법이에요.

빈칸 채우기

본문을 잘 읽었나요? 다음 빈칸을 채우며 본문 내용을 다시 복습해 봐요.

안동 하회 마을은 조선 중기인 1600년대부터 풍산 류 씨들이 모여 집과 서원 등을 짓고 살던 곳이야. 이런 마을을 ❶ 이라고 하는데, 지금까지 옛날 모습을 잘 간직하고 있대.

(본문 122쪽)

❷ 의 강줄기가 에스(S)자로 하회 마을을 감싸고……

(본문 124쪽)

제주도는 우리나라에서 유일하게 유네스코 세계 자연 유산으로 선정된 곳이야. 제주도 내에서 모두 세 곳이 선정되었지. 제주도를 대표하는 ❸ 은 남한에서 가장 높은 산으로, 다양하고 희귀한 동식물들이 살아서 '생태계의 보고'라고도 불려. 또한 거문 오름에서 나온 용암으로 만들어진 동굴들도 선정되었는데, 대표적으로 ❹ 과 ❺ 등이 있단다. ❻ 역시 화산이 폭발하면서 만들어졌는데, 특히 해가 떠오를 때의 모습이 무척 신비하고 아름답지.

(본문 131쪽)

정답 ❶ 동족 마을 ❷ 낙동강 ❸ 한라산
❹ 만장굴 ❺ 김녕사굴 ❻ 성산 일출봉

세계 유산에 관해 더 많이
알고 싶을 땐 여기를 가 봐!

유네스코 http://en.unesco.org
유네스코 공식 홈페이지예요. 전 세계적으로 어떤 활동을 하는지 알려 주고 그와 관련된
도서도 함께 소개해요. 유네스코에서 공식적으로 발표한 통계 자료나 동영상도 볼 수 있
어요.

유네스코와 유산 http://heritage.unesco.or.kr
유네스코 한국 공식 홈페이지에서 세계 유산을 소개해 놓은 사이트예요. 어떤 문화재가
왜 세계 유산으로 등재되었는지 그 이유와 가치를 알 수 있어요. 우리나라뿐만 아니라 모
든 나라의 세계 유산들을 폭넓게 확인할 수 있답니다.

국가유산청 http://www.cha.go.kr
우리나라 국가유산청의 홈페이지예요. 이곳에서는 문화재를 보호, 관리, 지정하는 일을 한
답니다. 유네스코에 등재된 세계유산뿐만 아니라 다른 문화재에 대한 정보도 얻을 수 있
어요. 따끈따끈한 새 소식도 만날 수 있답니다.

국립문화유산연구원 http://www.nrich.go.kr
우리나라 문화유산을 연구하는 국가 기관이에요. 문화유산 및 자연유산에 대한 조사와 연
구는 물론 문화재를 보존에 관한 정책 연구를 해요. 또 과학 기술을 사용한 보존이나 복원
기술에 관한 연구도 하고 있어요.

국가유산진흥원 http://www.chf.or.kr
전통문화 공연, 전시, 체험 행사 등을 소개해요. 특히 궁에서 정기적으로 열리는 수문장 교
대 의식이나 종묘대제, 전통 혼례 등 다양한 전통 의례는 행사 기간과 시간 그리고 행사 순
서까지 사진과 함께 자세하게 설명한답니다.

각신 조선 시대의 왕실 도서관이었던 규장각에서 일하던 관리

갱신 법을 바탕으로 이루어진 계약에서 정해 놓은 기간이 모두 끝났을 때 그 시간을 연장하는 일을 말한다.

거중기 조선 후기 정약용이 개발한 기계 장치. 무거운 물건을 작은 힘을 들여 들어 올릴 수 있어서 성을 쌓거나 건물을 지을 때 사용되었다.

견제 어떤 힘을 가해 상대방이 자유롭게 움직이지 못하게 함

경전 종교의 가르침을 적은 책

고분 고대에 만들어진 무덤

국장 나라의 중요한 사람이 죽었을 때 나랏돈으로 치르는 장례

금속 활자 납이나 구리 등의 금속으로 만든 활자. 활자란 네모 기둥 모양의 금속 윗면에 문자나 기호를 볼록 튀어나오게 새긴 것을 말한다.

녹로 도르래를 이용해 무거운 물건을 들어 올리는 데 사용했던 기구

늠름하다 생김새나 태도가 의젓하고 당당하다.

단아하다 성품이나 행동이 단정하고 얌전하다.

당파 같은 생각을 가진 사람들이 모인 모임 또는 단체

대장경 부처의 가르침을 모두 모아 정리하여 기록한 것

도르래 바퀴에 줄을 걸어서 물건을 움직이는 장치. 힘의 방향을 바꾸거나 작은 힘으로 큰 힘을 낼 수 있다.

도화원 그림에 관한 일을 맡아 보던 궁중 기관

등용 인재를 뽑아서 쓰는 일

등재 어떤 내용을 기록하여 올림

반출 운반하여 밖으로 가지고 나감

반환 빌리거나 가져갔던 것을 되돌려 주는 일

백미 흰 눈썹이라는 뜻으로 여럿 가운데서 가장 뛰어난 사람이나 물건을 말한다.

변색 1. 색이 바뀜 2. 화가 나거나 놀라서 얼굴색이 달라짐

본존불 예배의 중심이 되는 부처, 즉 석가모니불을 이른다.

분산 갈라져 흩어짐. 또는 그렇게 되게 함

사고 고려 말기부터 조선 후기까지 실록이나 중요한 기록물들을 보관하던 서고. 강화의 마니산, 무주의 적상산, 봉화의 태백산, 강릉의 오대산에 있었다.

사관 나랏일을 기록하고 그 자료를 모아 정리하여서 책으로 만들던 관리

사초 조선 시대에 사관이 궁중에서 일어난 일이나 나랏일을 기록한 맨 처음 기록물. 조선왕조실록의 기초가 되었다.

상소 임금에게 올리던 글 또는 올리는 일

서고 책을 보관하던 집이나 방

숭상 높이 여기고 귀중하게 생각함

습기 물기가 많아 젖은 듯한 기운

승정원 조선 시대에 왕의 명령을 전달하던 정치 기관

승하 나라의 높은 사람이 세상을 떠남

신주 죽은 사람의 이름을 적은 나무패

실학 조선 후기(17세기부터 18세기까지) 활발했던 학문으로 실생활에 도움을 주고자 했다. 실학을 연구하던 실학자들은 당시 학문이 백성의 삶에서 멀어진 것을 비판하며 정치, 경제, 사회 등 다양한 분야를 바꾸고자 했다.

역병 집단으로 생기는 전염병

연회 여러 사람이 모여 여는 잔치

옻칠 가구나 나무 그릇 등에 윤을 내기 위하여 옻을 바르는 일

왕권 왕이 가진 권력

유네스코(UNESCO) 국제 연합 교육 과학 문화 기구(United Nations Educational, Scientific and Cultural Organization)의 줄임말. 본부는 프랑스 파리에 있고, 전 세계 73곳에 사무소와 부속 연구소를 두고 있다.

유엔(UN) 국제 연합(United Nations)의 줄임말로 본부는 미국 뉴욕에 있다. 제2차 세계 대전 후 국제 평화와 안전을 유지하고 세계 여러 나라의 협력을 위해 만든 국제 기구이다.

인쇄 글이나 그림 등을 판에 새긴 다음 잉크를 사용하여 종이이나 천 등에 찍어 내는 일. 책이나 잡지, 신문 등을 만들 때 사용하는 방법

자긍심 스스로에게 자신감을 가지고 보람을 느끼는 마음

장니 말을 모는 사람의 옷에 흙이 튀지 않도록 말 등에 얹는 안장 양쪽에 달아 놓은 기구. 우리나라에서 가장 오래된 장니는 신라 고분의 천마총에서 발견된 천마도 장니다.

재상 임금을 도와 모든 관리를 지휘하고 감독하는 일을 했던 벼슬아치

접견 공식적인 자리에서 손님을 맞음

지구 1. 일정한 기준에 따라 나눈 땅 2. 일정한 목적으로 특별하게 지정된 곳

집성촌 같은 성씨가 모여 사는 마을

추정 미루어 생각하여 판단함

출타 집에 있지 않고 다른 곳으로 나감

풍수지리 땅의 모양과 날씨를 보고 인간의 행복과 불행을 예측하는 학문. 자연 현상에 따라 묏자리를 찾거나 집을 지을 장소를 찾았다.

하례 예를 갖추어 축하하는 일

한일 병합(한일 합병 조약) 1910년 일본이 대한 제국을 식민지로 만들기 위해 강제로 맺은 조약

훼손 다른 사람의 이름이나 권위를 깎아 내림

희귀하다 드물어서 특이하거나 매우 귀하다.

신 나는 토론을 위한 맞춤 가이드

세계 유산에 대한 이야기를 재미있게 읽었나요? 이제 세계 유산 박사가 다 되었다고요? 그 전에 마지막 단계인 토론을 잊지 마세요. 토론을 잘하려면 올바른 지식과 다양한 정보가 바탕이 되어야 해요. 책을 다 읽고 친구 또는 엄마와 함께 신나게 토론해 봐요!

잠깐! 토론과 토의는 뭐가 다르지?

토론과 토의는 모두 어떤 문제를 해결하기 위해 의견을 나누는 일입니다. 하지만 주제와 형식이 조금씩 달라요. 토의는 여러 사람의 다양한 의견을 한데 모아 협동하는 일이, 토론은 논리적인 근거로 상대방을 설득하는 일이 중요합니다. 토의는 누군가를 설득하거나 이겨야 하는 것이 아니기 때문에 서로 협력해서 생각의 폭을 넓히고 좋은 결정을 내릴 때 필요해요. 반면 토론은 한 문제를 놓고 찬성과 반대로 나누어 서로 대립하는 과정을 거치지요.

넓은 의미에서 토론은 토의까지 포함하는 경우가 많습니다. 토론과 토의 모두 논리적으로 생각 체계를 세우고, 사고력과 창의성을 높이는 데 도움을 준답니다.

토론의 올바른 자세

말하는 사람

❶ 자신의 말이 잘 전달되도록 또박또박 말해요.

❷ 바닥이나 책상을 보지 말고 앞을 보고 말해요.

❸ 상대방이 자신의 주장과 달라도 존중해 주어요.

❹ 주어진 시간에만 말을 해요.

❺ 할 말을 미리 간단히 적어 두면 좋아요.

듣는 사람

❶ 상대방에게 집중하면서 어떤 말을 하는지 열심히 들어요.

❷ 비스듬히 앉지 말고 단정한 자세를 해요.

❸ 상대방이 말하는 중간에 끼어들지 않아요.

❹ 다른 사람과 떠들거나 딴짓을 하지 않아요.

❺ 상대방의 말을 적으며 자기 생각과 비교해 봐요.

우리나라의 세계 유산을 대하는 마음가짐

다음은 2009년 40기의 조선 왕릉이 유네스코 세계 유산으로 등재되었을 때의 신문 기사입니다. 기사를 읽고 우리나라의 세계 유산을 대하는 마음가짐이 어떠해야 할지 생각해 봅시다.

조선 왕릉이 위엄을 갖추고 있으면서도 편안한 느낌을 주는 것은 주변의 자연과 인공을 잘 조화시킨 선조들의 탁월한 지혜 덕분이다. 조선 왕릉을 실제로 조사한 각국의 전문가들은 독특한 건축 및 조경(경치를 아름답게 꾸밈) 양식을 특히 높이 평가했다. 조선 왕릉처럼 한 왕조의 무덤이 집중돼 있으면서도 훼손되지 않고 잘 보존돼 있는 사례는 세계적으로 드문 것이라며 가치를 인정했다.

세계유산 등재를 계기로 왕릉에 대한 우리의 인식도 달라져야 한다. 수도권이 급속히 개발되면서 왕릉 주변을 고층 건물이 둘러싸 버린 곳이 적지 않다. 왕릉 경내에도 당초 없었던 연못을 파놓아 원형을 파괴한 곳도 있다. 더는 훼손이 없도록 철저히 보존하면서 세심한 복원에 나서야 한다. 학계의 왕릉 연구도 미흡하다. 외국 전문가들이 한목소리로 감탄하는 조선 왕릉의 미적 가치에 정작 우리가 무관심한 것은 부끄러운 일이다.

동아일보 2009/05/14

1. 왜 유네스코 각국 전문가들은 조선 왕릉을 높이 평가했나요? 조선 왕릉은 잘 관리되고 있나요?

2. 세계 유산을 대하는 우리의 자세는 어떠해야 할까요?

문화재를 모두 개방해야 할까?

숭례문은 2006년부터 일반 시민들에게 개방되었어요. 그만큼 가까이서 살펴보기가 쉬워졌지요. 그런데 2008년 우리나라 국보 1호인 숭례문이 불에 타 훼손되어 버린 사건이 일어났어요. 어떤 사람이 일부러 불을 지른 거지요. 다음 기사를 읽고 문화재 개방에 대한 의견을 나누어 봅시다.

최근 팔만대장경을 보존하고 있는 해인사가 관광객 때문에 몸살을 앓고 있다. '2011 대장경 천년 세계문화축전'을 열면서 장경판전 건물을 공개했기 때문이다. 책에서만 봐왔던 팔만대장경을 장경판전의 살창을 통해서 직접 볼 수 있다는 소식에 관람객들이 구름처럼 몰려들었다. 문제는 공개 일주일 만에 장경판전 내부에서 깡통, 휴지 등 쓰레기가 발견된 것. 이 때문에 해인사는 장경판전 내부와 대장경 진본을 최소 100년간 공개하지 않는 방안을 검토 중인 것으로 알려졌다. 이처럼 전통 문화재의 일반 공개를 놓고 해외에서도 논란이 일고 있다.

유네스코 세계 기록 유산으로 지정된 스페인의 알타미라 동굴을 일반인에게 공개하라는 지방 정부의 요구에 과학자들이 반대하고 나선 것이다.

구석기 시대의 유적으로 알려진 알타미라 벽화는 매년 17만여 명의 관광객이 찾는 인기 유적지였다. 그러나 벽화 훼손 문제가 제기되면서 2002년부터 일반인의 출입이 금지됐다. 그런데 재정난을 겪던 지방 정부가 관광객 유치를 위해 최근 스페인 문화부에 동굴을 개방하라는 압력을 넣고 있는 것으로 알려졌다. 연구팀은 1996년부터 1999년까지 동굴을 방문한 방문객 수와 온도, 습도, 이산화탄소의 관계와 미생물의 번식 정도 등을 컴퓨터 모델링으로 분석해, 동굴을 개방할 경우 벽화는 급속하게 훼손될 것이라는 결론에 도달했다. 히메네스 박사는 "현재 알타미라 동굴이 다시 일반인에게 공개된다면 온도와 습도, 이산화탄소의 증가와 미생물 번식으로 벽화 훼손이 심각해지는 것으로 나타났다"며 "과학자로서 개방을 반대한다"고 주장했다.

동아일보 2011/10/07

1. 왜 일반 시민들에게 문화재를 개방하는 일이 논란이 되고 있나요?

2. 문화재를 일반인에게 자유롭게 공개를 해야 할까요? 아니면 문화재 보호를 위해 일반인에게 공개를 하지 않는 것이 좋을까요? 친구들과 문화재 개방에 대해 토론해 봅시다.

찬성 : 일반인에게도 공개를 해야 한다.
이유 :

VS

반대 : 일반인에게 공개를 해서는 안 된다.
이유 :

3. 세계 문화 유산 가운데 일반인에게 공개되지 않았거나 제한적으로 공개하는 예를 찾아 봐요. 그리고 각각 그 이유도 적어 봅시다.

우리 문화재를 돌려줘!

최근 일제 강점기 때 빼앗긴 조선 왕실 의궤 1200권이 우리나라에 돌아왔어요. 하지만 여전히 외국에 있는 한국 문화재는 10만 점이 넘고 일본에만 6만 점이 넘게 남아 있어요. 아래 기사를 읽고 문화재 반환(빌리거나 가져갔던 물건을 되돌려 줌)을 위해 어떤 노력을 기울여야 할지 생각해 봅시다.

가장 대표적인 반환 대상 문화재는 프랑스 국립 도서관에 있는 외규장각 도서다. 1866년 병인양요 때 프랑스 군이 외규장각에 불을 지르고 약탈해 간 것이다. 조선 왕조 의궤 191종 297권. 1991년 반환 협상이 시작됐지만 20년 가까이 진전이 없다. 일본으로 넘어간 조선 왕실 도서를 반환 받아야 한다는 목소리도 높다. 일본 왕실도서관 궁내청 서릉부에는 조선 의궤, 제실(帝室)도서 등 조선 왕실 도서 639종 4678책이 있다.

그러나 프랑스와 일본을 상대로 한 문화재 반환 협상은 그 결과를 예측하기 어렵다. 특히 일본의 경우, 약탈당한 도서 목록을 정확하게 작성하는 것이 중요하다.

이와 함께 감정에 치우치지 말고 냉정하고 차분하게 반환 논의를 해 나가야 한다는 지적도 많다. 박상국 한국 문화유산 연구원장은 "시위성 반환 운동보다는 상대국의 현재 상황을 잘 보고 차분하게 대응해 나가야 훨씬 효과적이다"라고 말했다. 그는 "프랑스 사람들은 대부분 외규장각 도서를 그들의 문화재로 생각한다. 그들의 현재 생각이나 상황을 객관적으로 판단해 전략을 구사해야 상대 국민을 공감시켜 좋은 결과도 낼 수 있다"고 덧붙였다.

허권 유네스코 평화 센터 원장은 "불리하거나 굴욕적인 조건으로 협상할 필요가 전혀 없다"고 지적했다. 여건이 성숙되지 않았다면 협상을 뒤로 미루는 것이 더 낫다는 말이다. 또한 "각 문화재의 여건이나 상대국에 따라 조건이 다를 수밖에 없다. 어떤 것은 반환, 어떤 것은 조건부 임대, 또 어떤 것은 영구 임대 이런 식으로 달리 접근해야 한다"고 조언했다.

동아일보 2010/04/15

1. 외규장각의 도서는 어떻게 프랑스로 건너가게 되었나요?

2. 다른 나라에 있는 우리의 문화재를 찾아서 적어 봅시다. 그리고 어떤 이유로 그
   나라에 건너가게 되었는지 알아봅시다.

3. 어떻게 하면 외국에 보관되어 있는 우리 문화재를 돌려받을 수 있을까요?
   그리고 친구들과 함께 우리가 할 수 있는 일이 무엇인지 생각해 봅시다.

미래의 세계 유산은 무엇일까?

이미 선정된 세계 유산 이외에 주변에 추천하고 싶은 아름다운 문화재가 있나요? 어떤 것이 좋을지 친구들과 함께 생각해 봅시다. 분야는 상관없답니다.

이름 :

형태 :

장소 :

유래 :

추천하고 싶은 이유 :

이름 :

형태 :

장소 :

유래 :

추천하고 싶은 이유 :

이름 :

형태 :

장소 :

유래 :

추천하고 싶은 이유 :

이름 :

형태 :

장소 :

유래 :

추천하고 싶은 이유 :

우리나라의 세계 유산을 대하는 마음가짐

1. 독특한 건축 및 조경 양식을 높이 평가했다. 또한 한 왕조의 무덤이 집중돼 있으면서도 훼손되지 않고 잘 보존돼 있는 사례는 세계적으로 드문 것이라며 가치를 인정했다. 하지만 수도권이 개발되면서 왕릉 주변을 고층 건물이 둘러싸고, 원래 없었던 연못을 파놓아 원형을 파괴한 곳도 있다.

2. 더는 훼손이 없도록 철저히 보존하면서 세심한 복원에 나서야 한다. 그리고 조선 왕릉 연구도 더 적극적으로 해야 한다.

문화재를 모두 개방해야 할까?

1. 관광객들이 문화재를 둘러보면서 깡통, 휴지 등 쓰레기를 버리는 일이 잦아졌기 때문이다. 뿐만 아니라 사람들이 다녀가면 온도와 습도, 이산화탄소의 증가로 미생물 번식이 심해져 문화재가 그만큼 훼손된다.

2. 찬성 : 문화재는 많은 사람들이 함께 보고 즐기는 것이다. 또한 외국인 관광객 유치를 위해서도 문화재 개방은 필요하다.
   반대 : 문화재가 개방되어 많은 사람들이 다녀가면 훼손되는 것은 막을 수 없다. 그렇게 되면 수리하고 보수하는 데 많은 시간과 비용이 필요하다.

3. 중국의 포탈라 궁
   달라이 라마가 사는 궁전으로 티베트 전통 양식이 잘 나타난 건물이다. 건물 보호를 위해 하루 입장객 수와 관람 시간을 제한하고 있다.

우리 문화재를 돌려줘!

1. 1866년 병인양요 때 프랑스 군이 외규장각에 불을 지르고 약탈해 갔다.

2. 몽유도원도는 조선 전기를 대표하는 화가 안견이 그린 산수화다. 현재 일본의 텐리 대학교 중앙 도서관에 있다. 많은 전문가들이 임진왜란 때 일본으로 건너간 것이라고 생각한다.

3. 성급하게 해결하려 하기보다는 상대국의 현재 상황을 잘 보고 차분하게 대응해야 한다. 그 나라 사람들의 현재 생각이나 상황을 객관적으로 판단해서 전략을 짜야 상대 국민을 공감시켜 좋은 결과도 낼 수 있다.

글쓴이 권동화

세종대학교 국어국문학과를 졸업하고 방송 구성 작가를 거쳐 지금은 어린이 책을 쓰고 만드는 일을 하고 있습니다. 어린 시절 동화책을 읽으며 즐거워하던 때를 떠올려 글을 썼습니다. 이 책을 읽는 모든 독자들이 우리 문화유산을 더욱 잘 알고 소중히 아끼는 마음을 갖게 되기를 바랍니다.

그린이 임혜경

청주에서 태어나 홍익대학교 시각디자인과를 졸업하였습니다. 《과학동아》, 《어린이과학동아》 등을 비롯한 과학 잡지와 『현미경 속 작은 세상의 비밀』, 『사라진 공룡을 찾아서』 등의 책에 그림을 그렸습니다. 재미있는 글을 그림으로 그려 낸다는 건 흥미진진한 여행을 하는 기분입니다. 엄마와 같은 취미를 가진 아들 은규에게 이 책이 좋은 선물이 되었으면 하는 바람입니다.

초등 융합 사회과학 토론왕 시리즈 ⑪ 우리의 유네스코 세계 유산

• 이 책에 실린 일부 내용은 《과학동아》, 《어린이과학동아》에 게재된 기사를 재인용하였습니다.
• 이 책에 실린 사진은 다음과 같이 기관으로부터 게재 허가를 받았습니다. (가나다 순)
  다만 출처를 잘못 알고 실은 사진이 있는 경우 해당 저작권자와 적법한 계약을 맺을 것입니다.

  동아일보
  위키피디아
  이미지비트